Muhammad Zulkifl Hasan

# Avaliação do desempenho do AODV e do OLSR em redes em malha sem fios

Muhammad Zulkifl Hasan

# Avaliação do desempenho do AODV e do OLSR em redes em malha sem fios

**Imprint**
Any brand names and product names mentioned in this book are subject to trademark, brand or patent protection and are trademarks or registered trademarks of their respective holders. The use of brand names, product names, common names, trade names, product descriptions etc. even without a particular marking in this work is in no way to be construed to mean that such names may be regarded as unrestricted in respect of trademark and brand protection legislation and could thus be used by anyone.

Cover image: www.ingimage.com

This book is a translation from the original published under ISBN 978-3-659-91769-1.

Publisher:
Sciencia Scripts
is a trademark of
Dodo Books Indian Ocean Ltd. and OmniScriptum S.R.L publishing group

120 High Road, East Finchley, London, N2 9ED, United Kingdom
Str. Armeneasca 28/1, office 1, Chisinau MD-2012, Republic of Moldova, Europe
Managing Directors: Ieva Konstantinova, Victoria Ursu
info@omniscriptum.com

Printed at: see last page
**ISBN: 978-620-2-77404-8**

**Rede em malha sem fios**

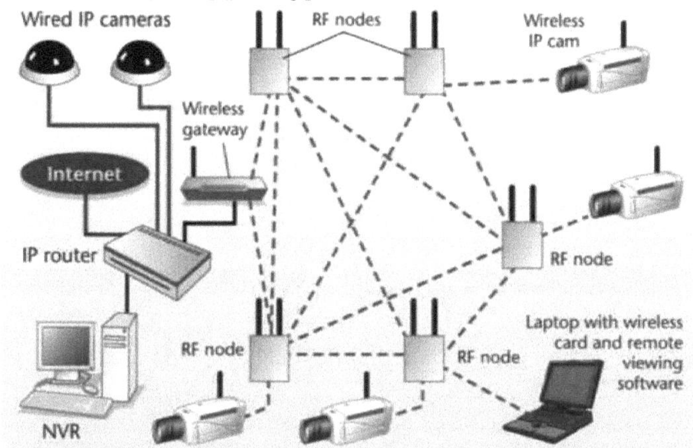

# Avaliação do desempenho de AODV & OLSR em Wireless Rede em malha

*Muhammad Zulkifl Hasan*

## Agradecimentos

Gostaria de expressar a minha sincera e substancial gratidão ao meu ilustre orientador, Dr. Vasilis Freiderikos, pelos seus esforços especiais e pela sua valiosa orientação para melhorar a qualidade do meu relatório de dissertação e dos meus resultados. Estou especialmente grato ao membro do corpo docente, Sr. Faisal tariq, pela sua amável ajuda e orientação na realização da minha simulação no OPNET. Agradeço também ao Dr. Simant, que me deu boas dicas e me orientou do princípio ao fim das etapas e nos deu ideias para gerir bem o projeto. Gostaria de agradecer especialmente ao Sr. Adnan Mahmood pela sua ajuda excecional e inestimável durante a falha do disco rígido do meu sistema. Gostaria de agradecer à minha família e aos meus colegas de quarto que rezaram por mim e me aliviaram durante os meus dias difíceis.

# Índice

# Capítulo 1
## 1.1 Antecedentes

A comunicação sem fios entre utilizadores móveis aumentou muito devido ao advento da tecnologia celular e dos dispositivos sem fios. Esta tecnologia está a tornar-se popular devido ao seu baixo custo e à sua fácil implementação com elevados débitos de dados. Existem dois métodos de comunicação entre dois anfitriões móveis em locais diferentes, ou seja, a rede celular e o desenvolvimento de uma rede ad-hoc. Ambos os métodos têm as suas vantagens e desvantagens. A rede celular tem problemas como o handoff, atrasos e perda de pacotes, mas no caso das redes ad-hoc a entrega de dados é fiável e a perda de pacotes e os atrasos são menores (Larsson & Hedman, 1998).

A comunicação pode ser efectuada através de um meio com ou sem fios. Nos últimos anos, os dispositivos com suporte sem fios têm crescido rapidamente, ou seja, computadores portáteis, PDAs. Tablets, telemóveis. Esta situação fez aumentar a procura de Internet e os utilizadores finais exigem um acesso contínuo à Internet em locais remotos a qualquer momento. Devido a esta grande procura, as empresas estão a mudar e a instalar estações sem fios para facilitar os seus utilizadores e o espaço entre os dispositivos sem fios e a Internet foi preenchido com pontos de acesso. O alcance do sinal sem fios é um problema, uma vez que está disponível até determinados quilómetros, ou seja, a Internet. A maioria das empresas está agora a experimentar uma nova rede de acesso sem fios de múltiplos saltos, ou seja, a rede em malha sem fios, para aumentar o alcance e facilitar a vida aos seus utilizadores (Baumann et al., 2007).

## 1.2 Rede em malha sem fios

A rede em malha sem fios (WMN) é uma área emergente das redes sem fios, que ajuda os utilizadores a ligarem-se à Internet em locais onde é impossível implantá-la devido aos custos. É constituída por encaminhadores de malha, clientes de malha e gateways. Cada nó da WMN funciona como encaminhador para reencaminhar os pacotes em nome de outros nós que não estão ao alcance da transmissão sem fios . As WMN são auto-configuradas e auto-organizadas de forma dinâmica e mantêm a conetividade entre si. As WMN ganham popularidade devido a caraterísticas como: baixo custo, manutenção fácil da rede e fiabilidade da cobertura (Boukerche et al., 2008).

Existem três tipos de arquitetura de rede em malha sem fios: 1. Infraestrutura/backbone, rede de malha sem fios para clientes e rede de malha sem fios híbrida. A WMN de infraestrutura/backbone é composta por routers em malha. A WMN cliente é uma rede ad-hoc móvel (MANET). O tipo híbrido de rede em malha sem fios é composto por routers em malha e clientes em malha. Os clientes de rede em malha têm recursos de energia limitados e são móveis, enquanto os encaminhadores de rede em malha têm mobilidade mínima e não têm restrições de energia (Thai&Won-Joo, 2007).

Um exemplo de rede em malha:

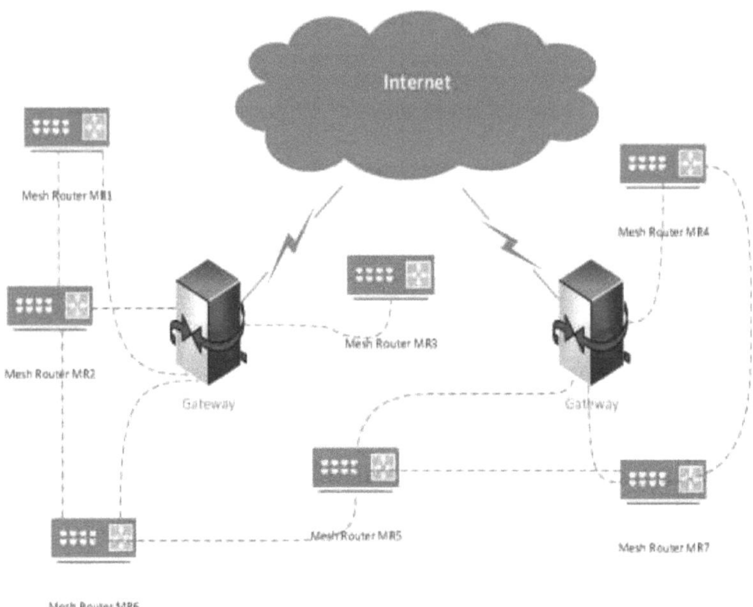


**Figura 1 Infraestrutura de rede em malha sem fios**

## 1.3 Componentes de malha sem fios

A rede mesh sem fios é constituída por clientes mesh sem fios, routers mesh sem fios

e gateways mesh.

### 1.3.1 Clientes de malha sem fios

Consiste em dispositivos do utilizador final, como computadores portáteis, PDA,

telefones inteligentes, etc. Estes são utilizados para aceder a aplicações como VOIP,

correio eletrónico, FTP e bases de dados, etc. Estes dispositivos são móveis e têm uma

potência limitada. Têm capacidade de encaminhamento (Seyedzadegan et al., 2011).

### 1.3.2 Routers de malha sem fios

Estes dispositivos são utilizados para encaminhar o tráfego da rede. Os

encaminhadores têm limitações em termos de mobilidade e possuem caraterísticas

fiáveis. Consomem pouca energia e suportam comunicações multi-hop com múltiplos

canais, o que permite a escalabilidade (Seyedzadegan et al., 2011).

### 1.3.3 Gateways de malha sem fios

As gateways de malha sem fios são o tipo de routers que estão ligados diretamente à Internet. São dispendiosos devido à dupla funcionalidade de conetividade, ou seja, com ou sem fios. A colocação das gateways desempenha sempre um papel importante no desempenho da rede. Haverá um número reduzido de gateways na rede (Seyedzadegan et al., 2011).

### 1.4    Visão geral dos protocolos de encaminhamento

Para garantir um bom desempenho da rede, o protocolo de encaminhamento é particularmente importante. Os protocolos de encaminhamento devem ter as seguintes caraterísticas: utilização mínima de rádios, interferência durante a mobilidade da rede, alterações da topologia podem afetar o desempenho global.

Existem três tipos de protocolos de encaminhamento que são populares nas WMN, ou seja, protocolos proactivos, reactivos e híbridos. O protocolo de encaminhamento proactivo desenvolve e distribui periodicamente uma lista de nós a todos os nós da rede. O protocolo de encaminhamento reativo constrói e partilha a informação de rota entre a origem e o destino quando é necessário (Khan, Pirzada & Portmann, 2007).

Roteamento proativo: Estes são os protocolos que mantêm uma tabela de encaminhamento em cada nó. Com a mudança na rede, a tabela de roteamento será atualizada por uma mensagem enviada a todos os nós. São eles: DSDV, WRP, OLSR, GSR, FSR e HSR. A principal função deste protocolo é manter uma tabela de encaminhamento do melhor caminho disponível para chegar a cada nó. Para tal, é enviada uma mensagem de controlo a todos os nós, mantendo cada vizinho vivo e acessível. Utiliza dois métodos, ou seja, o estado da ligação e o vetor de distância para o seu encaminhamento (Saika et al., 2010).

Protocolo reativo: A principal função deste protocolo de encaminhamento é a descoberta de rotas e a manutenção das suas rotas. A descoberta de rotas pára quando são encontradas todas as entradas possíveis. A rota permanecerá na tabela até que a comunicação seja necessária. Alguns dos protocolos são o AODV, o TORA, o SR, o LAR, o DSR e o CBRP (Saika et al., 2010).

## 1.5 Vetor de distância ad-hoc a pedido (AODV)

De acordo com (Aujla&Kang, 2013), o AODV é um protocolo de encaminhamento reativo, o que significa que não descobre nem mantém uma rota até que esta seja solicitada pelos nós. O AODV tem uma caraterística única, ou seja, o Número de Sequência do Destino (DSN), que mantém a rede livre de lacunas. É capaz de efetuar ambos os tipos de encaminhamento, ou seja, encaminhamento Unicast e Multicasting. O AODV funciona em duas funções, ou seja, descoberta de rotas e manutenção de rotas. O mecanismo de descoberta de rotas começa quando é enviado um pedido de comunicação a outro nó. O nó de origem envia um pedido de rota RREQ aos seus vizinhos e estes reencaminham o pedido até que a rota desejada seja descoberta. O nó descoberto envia um reply RREP para a fonte. Depois de obter uma confirmação do RREP, a rota está pronta para enviar pacotes para o destino. O erro de rota RRER é reencaminhado quando não é encontrada nenhuma ligação para a consulta.

De acordo com (Nyirenda&Mwanza, 2009), o AODV é um protocolo de encaminhamento baseado em tabelas. A tabela de encaminhamento contém as seguintes informações: endereço IP de destino, DSN, bandeira, estado, interface de rede, contagem de saltos e próximo salto.

## 1.6    Encaminhamento optimizado do estado da ligação (OLSR)

De acordo com (Aujla&Kang, 2013), o OLSR é um protocolo de encaminhamento

proactivo, o que significa que cada ligação tem uma tabela de encaminhamento pronta

para todos os nós. O OLSR é um protocolo de estado de ligação que utiliza o conceito

de Multipoint Relays (MPR) para reduzir a sobrecarga da rede. O OLSR funciona com

dois tipos de mensagens de controlo, a saber

As mensagens hello são as mensagens iniciais enviadas para encontrar os nós vizinhos.

As mensagens TC são utilizadas para difundir informações aos próprios vizinhos que

possuem uma lista de seleção MPR.

De acordo com (Nyirenda&Mwanza, 2009), devido à manutenção da tabela de

encaminhamento em cada nó, a sobrecarga de encaminhamento aumenta. Mas, devido

a este fator, os atrasos na descoberta de rotas são reduzidos.

## 1.7    Âmbito do projeto

Este estudo ajudará os estudantes e investigadores a saberem mais sobre a avaliação

do desempenho do protocolo num determinado cenário em redes em malha sem fios.

O utilizador precisa de ter o simulador OPNET e saber como utilizá-lo. Pesquise a

conceção de redes no IEEE e implemente a conceção de acordo com o objetivo e os

objectivos do seu projeto.

Os protocolos de encaminhamento dividem-se em três categorias: proactivos, reactivos

e híbridos. Neste estudo, vou centrar-me no AODV (reativo) e no OLSR (proactivo).

A métrica de desempenho para este estudo será o atraso, a carga e o débito, mas para

o AODV será o número de saltos e o tráfego recebido e enviado e para o OLSR será o

MPR e o tráfego recebido e enviado. Foram utilizados vários parâmetros na avaliação,

ou seja, a definição do perfil do protocolo de encaminhamento AODV e OLSR para avaliação e a seleção da aplicação, ou seja, FTP e bases de dados. Na mobilidade, ter em consideração o tempo de pausa e estabelecer a norma IEEE com uma taxa de dados que deve ser promovida de 11 Mbps para um valor mais elevado. A variação da potência de cada nó também afectará o desempenho global da rede.

## 1.8 Declaração do problema

O desempenho da rede em malha sem fios é sensível à mobilidade, à escalabilidade e à variação do tráfego, pelo que afectará o desempenho global da rede. Podemos examinar o desempenho da rede utilizando diferentes ferramentas de simulação para avaliar o desempenho do encaminhamento nessa rede, ou seja, com nós e tráfego variáveis. Devido à popularidade adquirida pela WMN, a maior parte da investigação está a ser efectuada para estabilizar a WMN com protocolos de encaminhamento específicos sob determinados parâmetros. A maior parte da investigação foi efectuada no NS-2 e no Qualnet, tendo sido realizado um número muito reduzido de trabalhos no OPNET para avaliação do desempenho da WMN.

Vou avaliar a WMN com diferentes nós e diferentes tráfegos com o AODV e o OLSR e comparar os resultados para ver o desempenho do protocolo de encaminhamento num determinado cenário. Tenho de analisar o melhor protocolo que oferece o máximo rendimento com o mínimo de perda de pacotes, gerir bem o tráfego sem interferências e equilibrar a carga na rede.

## 1.9 Finalidades e objectivos

O objetivo deste relatório é realizar um estudo baseado em simulações sobre a análise de protocolos de encaminhamento para avaliar o desempenho com dimensões de rede variáveis e tipos de tráfego variáveis em redes em malha sem fios, utilizando dois modelos de rede diferentes.

O simulador OPNET é utilizado como ferramenta para avaliar o desempenho do protocolo de encaminhamento numa rede de malha variável. Os passos envolvidos na configuração da rede são os seguintes: Passo-1 é modelar uma pequena rede mesh no OPNET. O passo 2 consiste em configurar os dois protocolos de encaminhamento na rede em malha. Construir e executar a simulação. Em comparação, são utilizadas métricas de desempenho como: atraso da rede, carga e débito da rede utilizando ftp (tráfego elevado), que são métricas de desempenho global para ambos os protocolos de encaminhamento. As métricas de desempenho são diferentes para cada protocolo de encaminhamento, ou seja, as métricas do AODV são: número de saltos por rota, tráfego enviado/recebido. Para o OLSR, as métricas são: estado do MPR, tráfego enviado/recebido. Construa gráficos e escreva sobre a comparação na análise e nos resultados.

## 1.10 Plano do projeto

Tenho de me encontrar com o meu supervisor todas as semanas para partilhar o meu trabalho e pedir conselhos sobre os resultados do meu projeto. Em caso de emergência, o meu supervisor enviar-me-á um e-mail se houver alguma alteração na hora da reunião e alterações urgentes no plano.

## 1.11 Apresentação do relatório

A estrutura do meu relatório é a seguinte:

No **Capítulo 1,** o autor aborda os antecedentes da rede sem fios e, em seguida, explica a rede em malha sem fios e a visão geral do protocolo de encaminhamento disponível para a rede em malha sem fios. O autor explicou o AODV e o OLSR que estão a ser utilizados no projeto. O autor também abordou a declaração do problema, o âmbito do projeto e o plano do projeto. No final, o autor explicou o objetivo e os objectivos do seu projeto. No **capítulo 2,** o autor abordará a revisão da literatura, ou seja, o trabalho anterior realizado no domínio da avaliação do desempenho do protocolo de encaminhamento das redes em malha sem fios. O problema enfrentado durante a simulação e a discussão dos seus resultados e a explicação das métricas de desempenho. No **capítulo 3,** o autor explica a conceção da rede, as métricas de desempenho e os processos de configuração dos nós e da rede. No **capítulo 4,** o autor explicará a fase de teste, desde os parâmetros definidos para cada simulação até à explicação da resposta de cada métrica num determinado cenário. O autor também fará os seus comentários sobre qual é a melhor métrica em cada cenário. No **capítulo 5,** o autor aconselhará o trabalho futuro da investigação e discutirá as suas lacunas e resultados. No que respeita às referências, a universidade recomendou a utilização do sistema de referência Harvard-UOB para este estudo. Nos apêndices, o autor colocou todos os passos dados durante a configuração da rede e o formulário de proposta de projeto e o formulário de ética aprovados.

# Capítulo 2
# Revisão da literatura

No passado, foram implementados vários protocolos de encaminhamento em redes em malha sem fios utilizando diferentes ferramentas de simulação. Muitos dos investigadores investigaram e deram a sua opinião sobre a eficiência dos protocolos de encaminhamento nas suas circunstâncias e cenários. As redes em malha sem fios são uma área emergente nas redes sem fios e continuam a ter muitos desafios, ou seja, problemas de interferência devido à elevada mobilidade, decisão sobre a melhor métrica para o protocolo de encaminhamento, caminho com menos congestionamento, perda mínima de pacotes, rendimento elevado e gestão global.

## 2.1 Implementação em NS-2, 3

De acordo com (Anjum&Bhadauria, 2011), o autor comparou o AODV e o OLSR com tráfego TCP e UDP em MANET. A simulação foi implementada no NS-2 e os nós podem mover-se de acordo com o modelo de mobilidade de pontos de passagem aleatórios. A camada MAC IEEE 802.11 é utilizada na simulação com uma taxa de dados de 512 Mbps em UDP e 1024 Mbps em TCP. Para a transmissão UDP, tanto o OLSR como o AODV actuaram com pacotes variáveis de acordo com o tempo de pausa. Em TCP, o AODV é o melhor em comparação com o OLSR. O AODV tem uma taxa de entrega de pacotes mais elevada com nós móveis, mas não consegue atingir uma boa taxa com uma densidade de nós elevada. O OLSR apresenta um desempenho consistente. O autor concluiu que o AODV tem melhor desempenho com tráfego estático e com menor número de nós. Utiliza menos recursos do que o OLSR devido ao tamanho da sua mensagem de controlo e ao baixo consumo de largura de banda, o que explica que o AODV pode ser utilizado em ambientes com recursos críticos. O

OLSR é um protocolo eficiente que tem um bom desempenho em redes com elevada densidade de nós, ou seja, funciona bem com um grande número de nós. O OLSR tem de manter uma certa largura de banda para receber mensagens de atualização da topologia. No AODV, devido à inundação e à elevada mobilidade, a sobrecarga de encaminhamento do protocolo é grande, ao passo que no OLSR são as mensagens de atualização e o tamanho da tabela de encaminhamento que afectam o desempenho global da rede.

Neste estudo (Paul et al., 2010), o autor testou o AODV utilizando o simulador NS-3 e calculou as métricas de desempenho do AODV em determinados cenários. O AODV foi construído com base no modelo MAC do IEEE 802.11 no NS-3 e utiliza o modelo de passeio aleatório bidimensional para os seus clientes móveis. Nesta simulação, a velocidade dos nós varia entre 1-2rnl sec. Todos os nós mantêm uma tabela de encaminhamento e mantêm-na actualizada durante o processo de descoberta de rotas. Isto ajuda a encontrar o melhor caminho para a entrega do pacote. As métricas de desempenho para avaliar o AODV no cenário WMN do cliente são: Throughput, Packet Delivery Ratio (PDR) e Normalized Routing Overhead (NRO). No **cenário -1, a** taxa de transferência, a PDR e a NRO foram calculadas numa rede esparsa de 20 nós. A simulação é executada com pacotes variáveis, mas o número de fluxos permanece o mesmo. Os pacotes variam entre 20 e 80 pacotes/segundo. Observa-se que, com o aumento da mobilidade numa rede esparsa, a taxa de transferência diminui. Tal deve-se à perda de pacotes. A partir dos resultados, a taxa de transferência foi estabilizada em determinados pontos quando a rede esparsa mantém um estado estável, mesmo que o tráfego esteja a aumentar. O rácio de entrega de pacotes diminui com o aumento da mobilidade. Ao calcular a sobrecarga de encaminhamento normalizada para WMN com cenário de rede esparsa, a NRO aumenta com o aumento da taxa de envio de pacotes, mas, a certa altura, começa a diminuir. O comportamento da NRO foi observado no AODV, que tem rotas a pedido e uma elevada taxa de dados. No **cenário 2,** o desempenho do AODV numa rede densa com 40 nós foi medido em termos de débito, PDR e NRO. O número de pacotes de dados está a variar nesta simulação, mantendo o número de fluxos constante. O número de pacotes variou entre 20 e 50 pacotes/segundo. Devido à maior disponibilidade de rotas numa rede densa, a taxa de transferência é melhor. Numa rede densa com elevada mobilidade, a PDR diminui gradualmente. É melhor em redes densas do que em redes esparsas. A NRO diminui com o aumento da taxa de pacotes. O autor concluiu que o AODV tem um melhor desempenho em redes densas do que em redes esparsas para cenários de clientes WMN. O autor também sugeriu que o modelo 2-d walk é

pior para o movimento aleatório dos nós, mas ao calcular o desempenho do AODV, o desempenho não pode ser degradado para além dos resultados obtidos durante a simulação.De acordo com (Li et al., 2011), o autor avaliou o AODV utilizando a sua ideia melhorada e obteve melhores resultados com menos atrasos de extremo a extremo e queda de dados. O autor utilizou o simulador NS-2 para avaliar uma simulação análoga do protocolo de rota em malha melhorado. Isto melhorou o desempenho global do AODV numa rede em malha. Depois de testar o AODV melhorado, o autor verificou que a qualidade do canal da rede em malha sem fios melhorou. A abordagem dinâmica do AODV melhorado seleciona a rota, o que reduz o atraso e melhora a queda de dados e o desempenho da rede.

## 2.2 Implementação no OPNET

Neste estudo (ELshaikh, Kamel & Awang, 2009), os autores explicaram a sua ideia de melhorar o protocolo de encaminhamento existente. Os autores modificaram o protocolo de encaminhamento existente, avaliando-o em dois cenários diferentes, ou seja, com alta e baixa mobilidade. Foi implementada no OPNET uma nova métrica baseada na SNR para o OLSR. É composto por quatro sub-redes e cada rede tem 25 nós. Após a definição de todos os parâmetros, foram testados o débito, o atraso e as despesas gerais do protocolo para OLSR e a sua versão modificada. A topologia foi testada para o AODV, o OLSR e o DSR. No OLSR modificado, o valor de SNR é calculado no frontend do recetor de cada nó. O OPNET utiliza uma série de etapas de pipeline para verificar os efeitos dos parâmetros nos sinais recebidos. A SNR pode ser calculada utilizando o ruído de fundo e o ruído acumulado. O OLSR recebe o valor SNR e mantém a sua tabela de encaminhamento. A partir dos resultados, o OLSR apresenta o melhor desempenho em WMN em termos de geração de tráfego, uma vez que produz menos sobrecarga para a rede. A partir dos resultados, o OLSR e o AODV apresentam um fraco rendimento em redes de elevada mobilidade. O DSR é o melhor entre eles e apresenta o melhor débito. Em termos de cálculo do atraso de extremo a extremo, o DSR necessita de mais de um segundo para chegar ao seu destino. Enquanto o AODV entrega os pacotes em centenas de milissegundos e o OLSR necessita apenas de alguns milissegundos para entregar os pacotes. Isto deve-se ao facto de os protocolos reactivos, ou seja, o AODV e o DSR, não disporem de informação prévia de rota para o nó existente quando necessário. Isto ajudará este protocolo a reduzir a sobrecarga da rede, mas aumenta o tempo de entrega, o que é um fator negativo. Segundo o autor, os protocolos reactivos não são adequados para WMN. O OLSR com SNR apresenta um melhor rendimento do que o cenário OLSR original. O OLSR com SNR apresenta o melhor desempenho. O seu desempenho foi superior ao das redes de alta e baixa mobilidade com a utilização da métrica SNR. Os autores sugeriram a utilização do OLSR para WMN devido ao seu elevado desempenho em relação aos outros dois protocolos nas mesmas condições. No entanto, o OLSR necessita de uma métrica que melhore os problemas de ligação. O autor investigou uma nova métrica para o OLSR e o SNR melhorado do OLSR superou o desempenho dos protocolos originais em termos de débito e atraso.

Neste estudo, o autor (Zhao et al., 2010) explicou a hierarquia proposta topologia de arquitetura com rede fixa e redes móveis. O autor utilizou um protocolo de rede híbrido proposto e AODV e OLSR para avaliar os resultados. Para testar o desempenho do protocolo de encaminhamento e da topologia em malha, o autor utilizou o simulador OPNET. Primeiro caso: Os parâmetros de simulação foram retirados dos protocolos IEEE802.11x. Consiste numa topologia hierárquica em malha com 3 encaminhadores e 51 clientes. O autor comparou as topologias Polygon Mesh Processing (PMP), Mesh e hierarchy mesh com diferentes protocolos de encaminhamento. Os resultados mostram que o débito da rede em malha é superior ao da rede PMP, ou seja, varia consoante a área de cobertura e o número de clientes. O atraso na rede em malha é superior ao das outras duas redes, ou seja, se o número de clientes for superior a 20, a rede fica congestionada e serão transmitidos muito poucos pacotes. O atraso na rede PMP é inferior ao da rede em malha hierárquica. Ao transmitir pacotes utilizando o AODV numa rede em malha hierárquica, os clientes têm de encontrar um caminho para o gateway. No caso da rede PMP, os clientes apenas enviam os pacotes para o ponto de acesso (AP), ou seja, para o router. É dever e responsabilidade do router encontrar o caminho e transferir os pacotes para o destino. O desempenho da hierarquia WMN foi calculado com três protocolos de encaminhamento, ou seja, AODV, OLSR e HMesh. 2nd Caso: O modelo de simulação consiste numa área de 3000x3000m com alcance de transmissão de um salto. É composto por 6 routers e 35 clientes. Todos os clientes estão distribuídos aleatoriamente. O rendimento do HMesh é superior ao do AODV e do OLSR. No protocolo de encaminhamento HMesh, os pacotes enviados aos clientes são limitados, pelo que a taxa de transferência é elevada. O atraso do OLSR é mais baixo porque as rotas já estão disponíveis na tabela de encaminhamento, o que facilita o encaminhamento rápido dos pacotes. No AODV e no HMesh, os clientes têm de encontrar rotas antes de transmitirem os pacotes, o que aumenta o atraso. No OLSR , a hierarquia baseada em WMN actualiza periodicamente a tabela de encaminhamento, pelo que apresenta menos atrasos do que o AODV. No final, o autor sugeriu que o protocolo de encaminhamento híbrido é uma solução para melhorar o desempenho da WMN neste estudo.

De acordo com (Mughal&Azam, 2010), os autores compararam os protocolos de encaminhamento proactivo, reativo e híbrido numa rede em malha sem fios baseada no cliente. O estudo foi efectuado com recurso a um estudo de simulação no OPNET. A simulação foi efectuada com vários nós e com diferentes protocolos de encaminhamento e consiste em dois cenários diferentes. O tráfego HTTP é utilizado para a entrega fiável de pacotes. A comparação é efectuada em termos de débito e o OLSR apresenta um desempenho superior com diferentes nós e em termos de débito.

No caso do cálculo dos resultados para o tráfego em tempo real, ou seja, o atraso no acesso aos meios de comunicação, o OLSR apresenta melhores resultados em ambos os cenários e produz muito menos atrasos no acesso aos meios de comunicação. Por outro lado, o AODV teve um bom desempenho em relação ao DSR na avaliação do atraso no acesso aos meios de comunicação. O TORA produziu o maior atraso no acesso aos meios de comunicação em ambos os cenários devido ao congestionamento da rede. Isto deve-se à perda de pacotes e à tentativa repetida de enviar pacotes ACK e hello. O OLSR tem o débito mais elevado com menos atrasos. Uma vez que os protocolos reactivos funcionam com base no mecanismo de descoberta de rotas, ao calcular o tempo de descoberta de rotas, o AODV tem um desempenho superior ao do DSR em ambos os cenários. O AODV demora apenas 1 segundo a descobrir a rota, enquanto o DSR demora 10 segundos. No cenário 1, quando o autor utilizou 15 nós, o OLSR teve um bom desempenho e apresenta o débito mais elevado e o atraso mais baixo. No segundo cenário, quando os nós são aumentados para 50, o TORA é o pior protocolo de encaminhamento. Na avaliação do atraso de extremo a extremo, o AODV e o DSR tiveram um bom desempenho e os seus resultados não variam demasiado.

O autor verificou que o AODV produziu melhores resultados em ambos os resultados da simulação do que o DSR. Por outro lado, o TORA não apresentou quaisquer resultados adequados quando aplicado nas mesmas condições. Isto implica que o TORA tem um bom desempenho em redes pequenas. Enquanto o OLSR teve um bom desempenho em todas as condições, ou seja, em nós variáveis.

De acordo com (Shrestha&Tekiner, 2009), o autor explicou a mobilidade e a escalabilidade em MANET utilizando diferentes protocolos de encaminhamento. O autor explicou o desempenho do AODV, do OLSR e do TORA utilizando o simulador OPNET 14.5. Todos os protocolos foram testados utilizando um fluxo de tráfego CBR elevado e mobilidade aleatória. Os protocolos de encaminhamento foram analisados em termos de escalabilidade. Os resultados mostraram que o AODV e o OLSR têm um atraso de pacotes e uma carga de rede mais elevados do que o TORA. Isto deve-se ao fator de localização do TORA. O cálculo do atraso para o OLSR e o AODV mostra a fiabilidade entre as ligações dos nós. Enquanto o TORA tem um atraso mais elevado devido aos loops criados temporariamente na rede. O TORA tem o menor rendimento em comparação com o AODV e o OLSR. O AODV e o OLSR tiveram ambos um bom desempenho global em relação ao TORA. O AODV mostrou melhor eficiência ao lidar com redes muito congestionadas, a auto-escalabilidade do AODV também ajudou o protocolo de encaminhamento a entregar pacotes mesmo com uma carga de tráfego elevada, em comparação com o OLSR e o TORA.

## 2.3 Implementação no Qualnet

De acordo com (Liu&Seah, 2011), o autor explicou a sua avaliação da rede em malha sem fios numa configuração comunitária. Utilizaram o simulador Qualnet para avaliar o desempenho do protocolo de encaminhamento numa rede em malha, ou seja, o OLSRv2, e calcularam a contagem de saltos e as métricas ETX. Utilizaram diferentes tipos de tráfego real no seu cenário. No cálculo da taxa de transferência, o OLSRv2 apresentou um melhor desempenho ao calcular a métrica ETX em vez da contagem de saltos. Utilizando o tráfego VOIP e calculando a métrica ETX e a contagem de saltos, o desempenho reduziu-se abruptamente. Isto deve-se ao facto de o VOIP utilizar o UDP como protocolo da camada de transporte. A métrica de desempenho mostra um rendimento mais elevado quando se utiliza o tráfego ftp e http. Quando o OLSRv2 utiliza a ETX como métrica de desempenho, os resultados são um grande número de mensagens de controlo e de MPR. As despesas gerais da rede aumentam devido a este facto, reduzindo assim o desempenho da rede. O autor explicou que o seu estudo tem limitações que podem ser ultrapassadas num estudo futuro desta avaliação. A primeira limitação é o facto de as mensagens hello serem pequenas, uma vez que as sondas ETX não sabem exatamente qual a perda de dados através da rede, ou seja, o tamanho do pacote na extremidade da transmissão em comparação com a extremidade do recetor é pequeno. O próprio simulador tem limitações, ou seja, não pode configurar a rede em locais reais.

Neste estudo (Zakaria et al., 2013), o autor avaliou o protocolo de roteamento como: AODV, OLSR e Hybrid Wireless Mesh Routing Protocol (HWMP) utilizando o Qualnet 5.2. O desempenho do AODV, do OLSR e do HWMP foi avaliado em função da carga de tráfego e do tamanho da rede, ou seja, alterando o número de nós e de fontes. A carga de tráfego foi variada de 10 pacotes/s a 100 pacotes/s com 100 nós fixos. Os resultados mostram que, com o aumento da carga de tráfego, a taxa de transferência está a diminuir. O OLSR tem o menor rendimento quando a carga de tráfego aumenta, em comparação com os outros dois protocolos de encaminhamento. A avaliação mostra que o HWMP tem o menor atraso de extremo a extremo em toda a rede do que os outros dois protocolos de encaminhamento. Quando se avalia o desempenho com um número variável de nós, ou seja, de 10 a 100 nós. Com o aumento do número de nós, a taxa de transferência do OLSR diminui. Isto deve-se às perdas de pacotes devido à variação dos nós. O AODV e o HWMP apresentaram uma taxa de transferência consistente ao longo da simulação, o que melhorou o desempenho da rede. Com fontes variáveis, o OLSR tem o pior débito dos outros dois protocolos de encaminhamento. Isto deve-se a perdas de pacotes no OLSR, a problemas de colisão e a outros problemas de transmissão. O HWMP e o AODV têm resultados semelhantes, mas são melhores do que o OLSR. O autor concluiu que as métricas de desempenho têm impacto nos resultados dos protocolos de encaminhamento. O HWMP é o melhor dos três, ou seja, obteve o maior rendimento e o menor atraso de extremo a extremo.

## 2.4 Estudo teórico

Neste estudo (Ajmal, Mahmood & Madani, 2010), os autores avaliaram e sugeriram algumas novas métricas para encontrar um caminho com ETT no AODV utilizando o método de contagem de saltos. Este método foi sugerido porque a contagem de saltos no AODV não calcula o melhor caminho e o caminho mais curto para encaminhar os pacotes. Tal como no AODV, foram reservados 11 bits para investigação no pacote RReq. O teste foi iniciado colocando os valores de ETT a começar por 0 nesses bits reservados para verificar os resultados. Anteriormente, o AODV não estava a verificar o caminho ótimo, mas, com a abordagem dos autores, está agora a selecionar o caminho ótimo, tendo em conta a largura de banda da ligação, o equilíbrio da carga, a taxa de transmissão bem sucedida e também o número de saltos, utilizando outros parâmetros diferentes. O autor sugeriu que, ao acrescentar o parâmetro adicional ao AODV, ou seja, o ETT, o protocolo pode selecionar o caminho ótimo com menos perda de pacotes e uma largura de banda elevada, o que, no final, proporciona uma taxa de transferência mais elevada e gere bem a carga com menos atrasos.

Neste estudo (Kuppusamy, Thirunavukkarasu & Kalaavathi, 2011), o autor explicou a comparação do OLSR,

protocolos de encaminhamento AODV e TORA em redes Ad Hoc. Este documento é um estudo comparativo das métricas de desempenho do AODV, do OLSR e do TORA e avaliou o atraso de extremo a extremo, a taxa de entrega de pacotes, o atraso de acesso ao meio e a otimização do caminho. Globalmente, o OLSR é o protocolo de encaminhamento mais eficiente numa rede de alta densidade com carga de tráfego aleatória. O AODV continua a melhorar a entrega de pacotes numa rede densa. O desempenho de todos os protocolos de encaminhamento foi bom com uma carga de tráfego reduzida. O TORA utilizou um gráfico cíclico na entrega de pacotes, o que melhorou a sua taxa de entrega. O TORA teve um bom desempenho numa rede muito densa, enquanto o AODV teve um bom desempenho com pouco tráfego e o OLSR teve um bom desempenho com tráfego aleatório. O autor explicou todos os protocolos de encaminhamento através de um estudo teórico comparativo. O autor aconselhou, em trabalhos futuros, a realização de um estudo baseado numa ferramenta de simulação para avaliar analiticamente as métricas de desempenho, ultrapassando os problemas em tempo real.

## 2.5 Implementação em Glomosim

De acordo com (Ghannay, Gammar & Kamoun, 2008), o autor avaliou o desempenho dos protocolos de contagem de saltos e de seleção de caminhos com conhecimento do rádio na rede em malha WLAN IEEE802.11s. Esta norma é uma versão alargada do IEEE 802.11 MAC para melhorar o problema da interoperabilidade, utilizando métricas sensíveis ao rádio. Os dois protocolos de encaminhamento suportados por métricas de rádio serão avaliados no simulador Glomosim. O estudo é um estudo de desempenho de simulação de dois protocolos de seleção de caminhos propostos no IEEE802.11s RA-OLSR e RM- AODV. Durante a comparação, estes protocolos foram comparados com a versão original do AODV e do OLSR. O autor avaliou que os protocolos que utilizam o conceito de contagem de saltos encontrarão a rota com o número mínimo de saltos entre o originador e o recetor. A métrica de contagem de saltos não tem em conta a queda de dados e a variação do tráfego. Os protocolos que utilizam o conceito de Airtime Link Metric (ALM) têm uma grande entrega de dados com menos atrasos de extremo a extremo. O protocolo procura um número mínimo de transmissões com menos problemas de ligação. O autor concluiu que os protocolos de encaminhamento baseados no ALM são uma boa opção para o envio de dados em redes Ad-hoc, ou seja, com menos atrasos e máxima entrega de dados. O autor sugere aos investigadores que trabalhem futuramente em protocolos de seleção de caminhos numa rede que utilize tecnologia multicanal para

aumentar a capacidade da rede. Utilizar também a técnica ALM na seleção de caminhos.

# Capítulo 3
## Conceção e desenvolvimento de artefactos
### 3.1  Porquê a OPNET

As simulações são sempre importantes para avaliar o desempenho de qualquer rede.

Poupará custos de infra-estruturas e outros custos gerais de implementação. O OPNET

é uma ferramenta muito útil para analisar o comportamento das redes. O OPNET é útil

devido à sua abordagem dinâmica, à facilidade de utilização e à facilidade de introduzir

alterações na rede de acordo com as necessidades do utilizador final. O OPNET é uma

ferramenta de fácil utilização que requer alguns conhecimentos prévios de trabalho

com simuladores GUI.

Neste capítulo, vou discutir o modelo OPNET da minha simulação. Conceberei

diferentes cenários, ou seja, com diferentes nós e diferentes tipos de tráfego, que serão

executados com AODV e OLSR. O desempenho da rede pode ser obtido através de

gráficos que mostram o atraso, a taxa de transferência e a carga da rede.

O OPNET 14.5 é uma versão gratuita para estudantes disponível na Internet.
A conceção do meu modelo consiste numa malha sem fios que varia entre nós móveis

de 15-30. É composto por um servidor fixo e por objectos de configuração de

aplicações e perfis com objeto de mobilidade. Os tipos de tráfego serão FTP (médio e

elevado) e bases de dados (médio e elevado). Os protocolos serão o AODV e o OLSR.

Para estes protocolos, o atraso, o débito e a carga serão medidos no OPNET.

### 3.2  Métricas de desempenho
#### 3.2.1  Atraso

O atraso é definido como o tempo que um pacote demora a chegar ao seu destino depois

de deixar a sua origem. Numa rede móvel, o atraso é a soma do tempo total gasto em

cada retransmissor (Gamal et al., 2004).

É o tempo médio que os pacotes demoram a passar pela rede. É o tempo desde a geração de pacotes da fonte até ao destino. Consiste em todos os atrasos, como filas de espera, tempo de transmissão e trocas de controlo MAC (Nyirenda&Mwanza, 2009).

### 3.2.2 Rendimento

Uma taxa de transferência X>0 é viável se enviar os dados para o seu destino a uma taxa de X bits por segundo (Gamal et al., 2004).

O rácio de dados que chega da origem ao destino é o rendimento. É medido em bits por segundo ou pacotes por segundo. O débito pode ser afetado por alterações frequentes da topologia, variações da largura de banda e da energia (Nyirenda&Mwanza, 2009).

### 3.2.3 Carga da rede

Quando existe uma grande quantidade de comunicação numa rede e a própria rede não consegue lidar com o tráfego, isto refere-se à carga da rede. Isto pode acontecer quando todos os nós enviam mensagens de difusão ao mesmo tempo.

### 3.3 Conceção de artefactos

**Conceção -1**

De acordo com (Waqas&Muhammad Kashif, 2009), o projeto consiste em nós móveis colocados a partir da janela da paleta de objectos do OPNET. Foi colocado um servidor FTP para 15 nós móveis, o servidor é fixo wlan_server. Foi atribuído IPV4 a todos os nós. Os objectos de configuração da aplicação e de configuração do perfil foram copiados da paleta de objectos no espaço de trabalho. Ambos os objectos têm de ser configurados de acordo com os requisitos do utilizador. O tráfego elevado de FTP é utilizado para avaliar o desempenho de ambos os protocolos. Configure a mobilidade, ou seja, aplique a mobilidade de pontos de passagem aleatórios. Selecionar as estatísticas a avaliar para ambos os protocolos de encaminhamento, ou seja, atraso, carga e débito para WLAN. As estatísticas individuais de cada protocolo de encaminhamento também serão avaliadas para cada cenário.

Depois de ler o trabalho dos investigadores, o autor sugere que esta rede é fácil de implantar, uma vez que a menor interferência devida a poucos nós de rádio afectará o desempenho da rede.

Para 15 nós:

A conceção da minha rede é a seguinte:

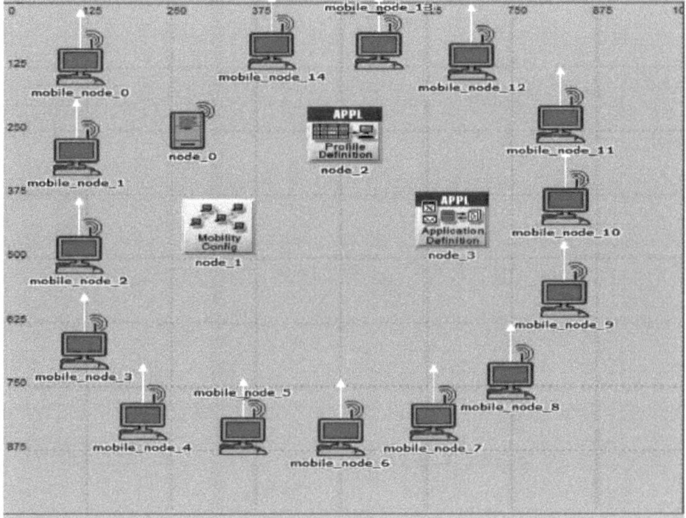


**Figura 2 Conceção da rede para 15 nós**

Como mostra a figura 1, consiste em 15 nós móveis numa área de 1000x1000 metros com definição de aplicações, definição de perfis e objectos de configuração de mobilidade com um servidor fixo.

A conceção exige que determinadas etapas sejam executadas com os seguintes protocolos de encaminhamento.

## Etapa 1

Clique com o botão direito do rato e selecione edit attributes ÷ Selecione Ad-hoc

routing parameters

Selecione AODV para este caso.

Configuração do tipo de protocolo de encaminhamento:

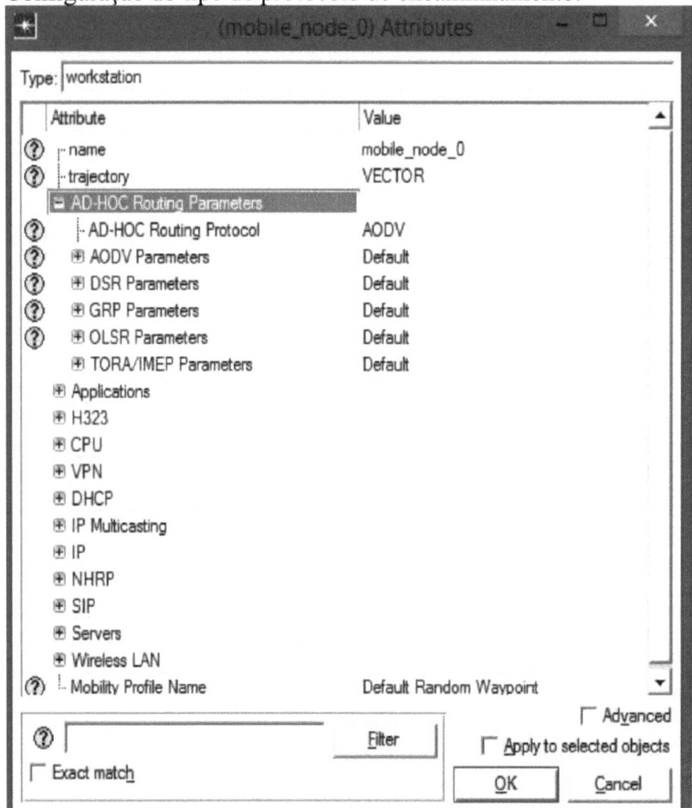

Figura 3 Seleção do protocolo de encaminhamento

## Passo-2 Definição do tipo de tráfego no objeto de configuração da aplicação

Clique com o botão direito do rato no objeto de configuração da aplicação e adicione

uma linha. Dê à linha o nome pretendido e, em seguida, selecione o tipo de tráfego sob

o nome da linha como FTP.

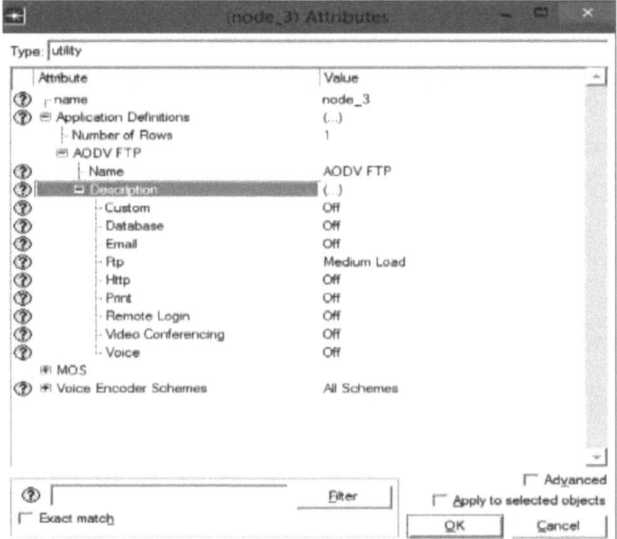
**Figura 4 Configuração dos tipos de tráfego e da carga**

Na descrição do tráfego FTP existem três opções: baixo, médio e alto. No nosso caso,

estamos apenas preocupados com o tráfego FTP médio e alto.

## Cenário -2
Para 30 nós

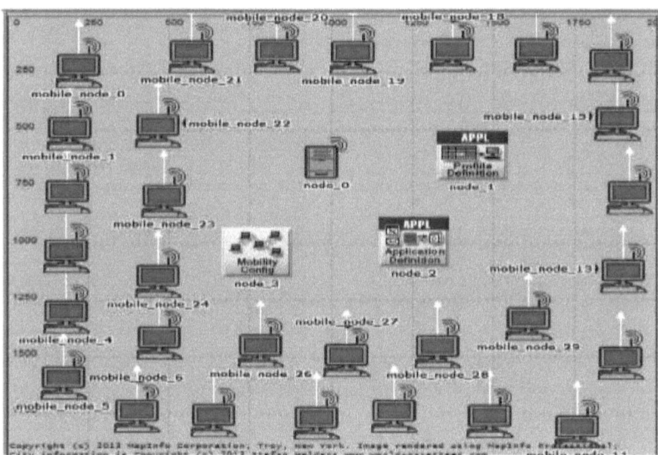

**Figura 5 Rede de conceção de 30 nós**

Como se pode ver na figura, o projeto foi criado numa área de 2000x2000 metros com

30 nós móveis e um servidor fixo com definição de perfis e aplicações e configuração

de mobilidade para estabelecer a mobilidade dos nós.

## Cenário -3
Para 60 nós

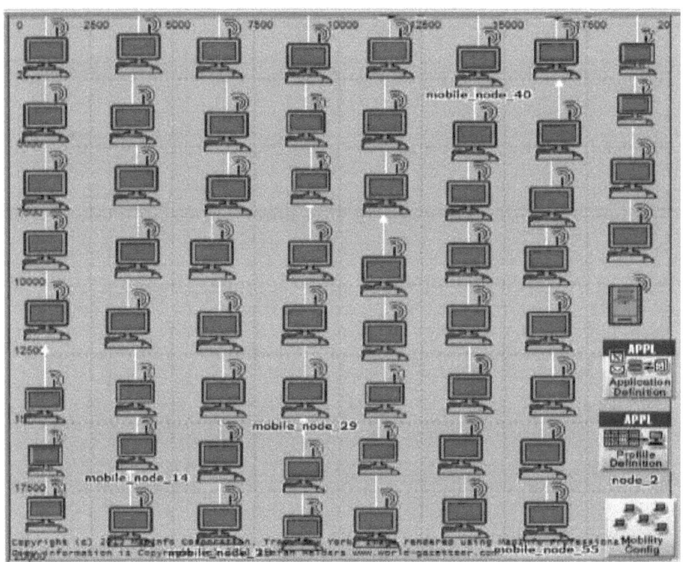


**Figura 6 Conceção de 60 nós para testar os protocolos**

A figura mostra a conceção de 60 nós para testar o protocolo de encaminhamento.

Consiste em 60 nós móveis com um servidor ftp fixo e objectos de definição de

aplicações e perfis. O objeto de configuração de mobilidade é utilizado para definir a

mobilidade dos nós durante o teste da rede.

Avaliação dos parâmetros **do AODV**

Número de saltos

Tráfego recebido

Tráfego enviado

Avaliação dos parâmetros **OLSR**

Estado da MPR

Tráfego recebido

Tráfego enviado

## Conceção-2

O projeto descreve o cenário de simulação utilizado para avaliar o desempenho de ambos os protocolos. A rede limita-se a uma rede intra-campus que utiliza o IEEE802.11g para comunicação em malha. Comunicação por rádio único, ou seja, distribuição da carga de tráfego por todos os nós. Foram efectuadas várias comparações para avaliar o desempenho de ambos os protocolos de encaminhamento. O cenário é constituído por dispositivos móveis e fixos que comunicam através da rede. A comunicação foi efectuada através de multi-hops, utilizando uma única interface de rede e o PHY IEEE 802.11g com uma taxa de 54 Mbps, que é promovida para um valor mais elevado. O simulador OPNET é utilizado com tráfego FTP para avaliar o desempenho (Guardalben et al., 2010).

Depois de ler o trabalho dos investigadores, o autor sugeriu que esta rede se centra principalmente na conceção básica da rede em malha sem fios, ou seja, routers em malha, clientes em malha e gateways. Esta rede tem grandes interferências devido ao elevado número de nós de rádio. O outro problema é o facto de a gateway não suportar o OLSR.

Esta conceção é puramente baseada na arquitetura de rede em malha sem fios:

Para AODV FTP 15 nós:

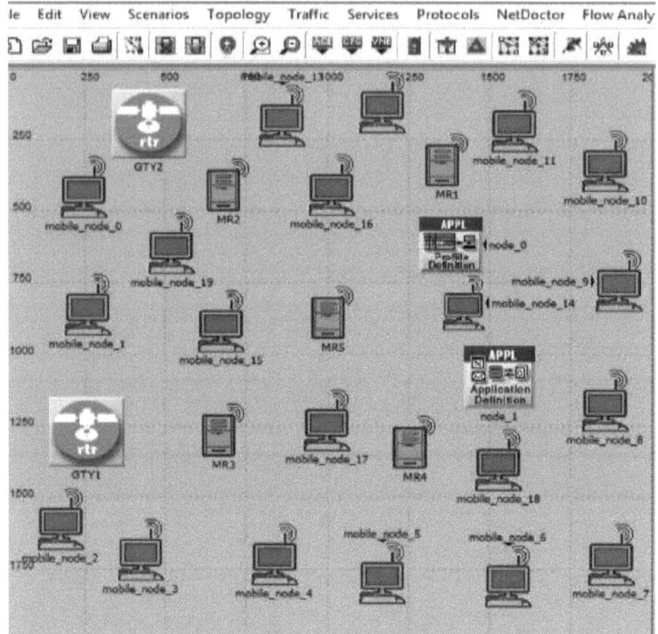



**Figura 7 Conceção da WMN 2 para 15 nós AODV FTP**

O projeto consiste em 5 routers em malha e 15 nós móveis e nós de gateway. O perfil

de carga elevada FTP foi configurado para o protocolo AODV. O projeto foi retirado

de (Guardalben et al., 2010).

Para 15 nós OLSR:

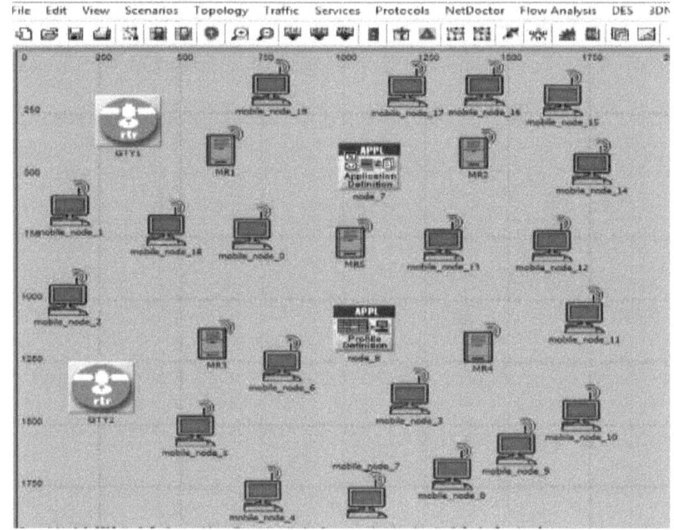
**Figura 8 Novo projeto OLSR de 15 nós**

O projeto consiste em 15 nós móveis com 5 routers em malha e dois gateways. Foi

configurado um perfil OLSR FTP para avaliar o comportamento da rede. O projeto foi

retirado de (Guardalben et al., 2010).

## 3.4 Porquê o FTP

O protocolo de transferência de ficheiros é utilizado na simulação, uma vez que

proporciona um rácio de entrega de pacotes (PDR) máximo na saída em redes ad hoc.

O FTP dará o máximo rendimento quando utilizado numa rede Ad hoc (Sethi&Rohil,

2013).

# Capítulo 4
## Resultados da simulação e avaliação

Neste capítulo, o autor explicará os resultados da simulação e o desempenho de ambos os protocolos de encaminhamento utilizando dois modelos e explicando os resultados de forma crítica.

## 4.1  Conceção -1
### *4.1.1  Resultados e avaliação do AODV*
**Comparação dos nós 15-30-60**

Os gráficos foram considerados como estatísticas globais de nós variáveis com tráfego elevado de FTP. Em seguida, compara-se o protocolo de encaminhamento AODV com vários nós, ou seja, 15, 30 e 60 nós. As métricas de comparação e a explicação são apresentadas de seguida:

### *1.    Número de saltos por rota*

A figura 9 mostra o número de saltos por rota na avaliação da comparação dos nós no AODV com o projeto 1.

A figura mostra o número total de saltos associados ao router em malha. Podemos ver na figura que o número de saltos aumenta quando o RREQ é bem sucedido no AODV.

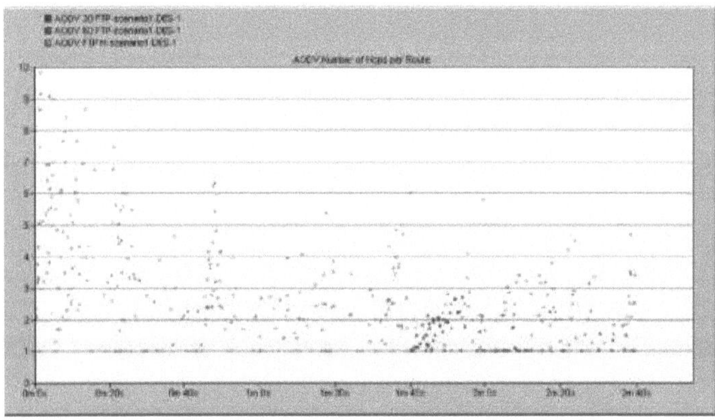

**Figura 9 Comparação do número de saltos por rota no AODV**

O AODV tem de manter uma tabela de encaminhamento sempre que o processo de descoberta de rotas inicia um RREQ enviado para a rede. O RREP será enviado se a

rota tiver sido recebida e reconhecida. A mensagem de transmissão ao longo dos saltos

afectará a taxa de contagem de saltos. Haverá atrasos, ou seja, efeitos de interferência

que interromperão o processo. A figura mostra o número de saltos de 15 a 60 para o

AODV na conceção -1. O valor máximo é de 10 saltos.

## 2. *Tráfego recebido*

No AODV, o tráfego FTP recebido situa-se entre 5400kbits/segundo, que é o valor

máximo, e o valor mínimo, entre 0500k bit/segundo. O IEEE 802.11g é a norma com

54Mbps com 10ms de potência utilizada em cada nó móvel.

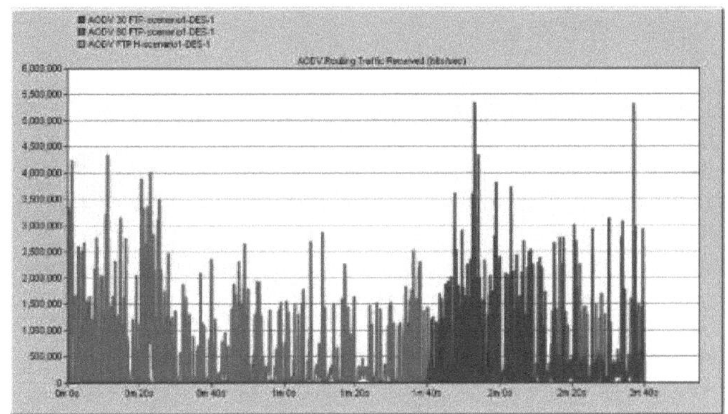

**Figura 10 Tráfego recebido para o AODV**

A figura mostra a comparação do AODV com nós variáveis. O tráfego recebido com

o aumento do número de nós, ou seja, 60, é inferior ao tráfego recebido com 30 nós.

Isto pode dever-se ao facto de o aumento do nó diminuir o débito e de o aumento do

nó aumentar as probabilidades de perda de pacotes e de atrasos.

## 3.     *Tráfego enviado*

A figura mostra a avaliação do desempenho do AODV com vários nós. O tráfego

enviado através da rede situa-se entre 2000k e 200k bits/segundo. Trata-se do tráfego

enviado do nó de origem para o nó de destino. A figura mostra a variação, que pode

dever-se à perda de pacotes ou a atrasos no encaminhamento.

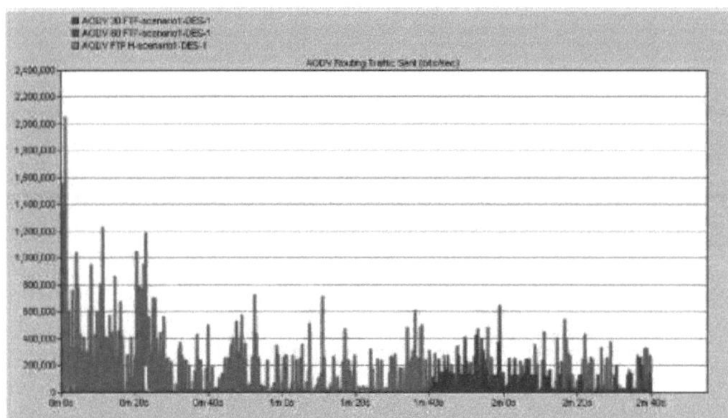

**Figura 11 Tráfego enviado para o AODV**

Com menos nós, a produção é menor, mas com o aumento dos nós, o tráfego enviado

também aumenta, o que significa que o tráfego enviado está diretamente relacionado

com o débito da rede.

## 4.    *Atraso*

O AODV apresenta um atraso razoavelmente menor na transmissão/entrega de pacotes.

A variação no valor pode dever-se à latência da descoberta de rotas, às filas de espera

nas interfaces ou aos tempos de transferência. O valor máximo do atraso é de cerca de

0,065, o que, mais uma vez, não é um valor muito elevado. O valor pertence ao cenário

AODV de 60 nós.

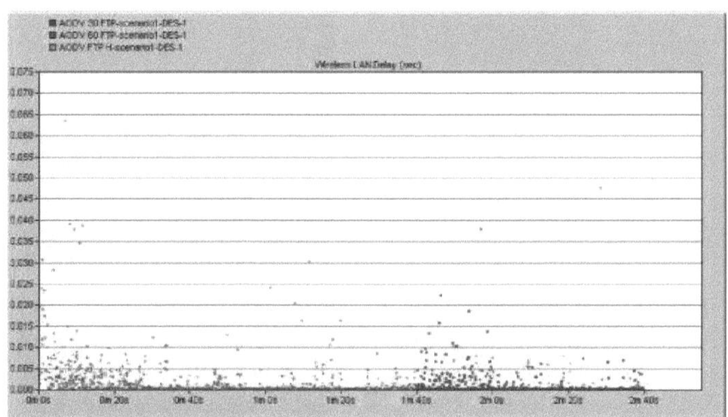

**Figura 12 Atraso sem fios para AODV**

A figura mostra que, no AODV, o atraso sem fios é quase nulo, o que significa que a

rede é eficiente. O eixo x deste gráfico mostra o tempo em minutos, enquanto o eixo

y- mostra a taxa de dados em bits/seg.

## 5.    *Carga*

A carga da rede para o AODV com variação de nós. O valor máximo da carga é de

10.500k para 60 nós. O segundo valor mais elevado é para 15 nós, ou seja, 8500k, e

para 30 nós o resultado é próximo de 8000k. Os resultados mostram que, à medida que

aumentámos os nós, a carga aumentou. O valor da carga varia porque a transmissão

frequente de mensagens RREQ e RREP aumenta a sobrecarga à medida que os nós

aumentam. O processo está a utilizar a largura de banda, afectando assim os valores da carga.

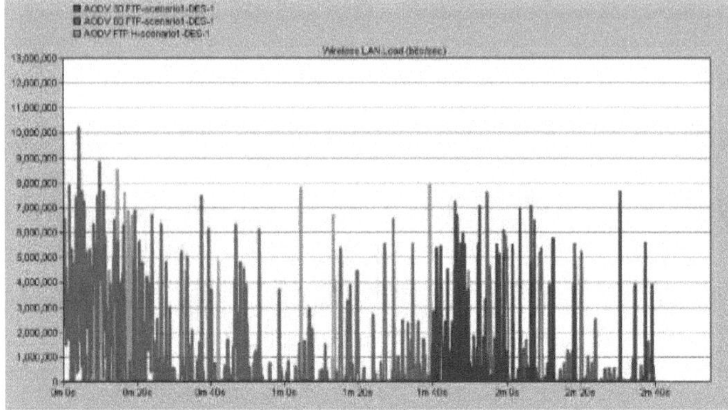
**Figura 13 Comparação de carga para AODV**

O eixo x deste gráfico mostra o tempo em minutos e o eixo y representa a taxa de dados

em bits/seg.

## 6.	*Rendimento*

A figura mostra a taxa de transferência do AODV com nós variáveis. O valor máximo

foi atingido com 60 nós e o valor é de 10.000k bits/seg. O gráfico também nos diz que,

com menos nós, o débito é menor. O gráfico mostra a taxa de transferência máxima

com 60 nós, o que significa que a rede é adequada para tráfego de carga elevada.

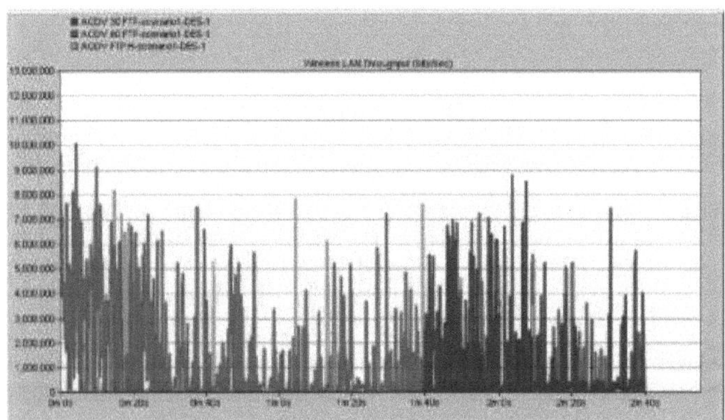
**Figura 14 Taxa de transferência do AODV com variação dos nós**

Devido ao aumento do número de saltos, a taxa de transferência está a aumentar.

## *4.1.2* **Desempenho do OLSR para 15-30-60 nós**

A comparação que se segue explica o desempenho dos protocolos de encaminhamento OLSR no projeto -1 que utiliza as estatísticas globais. As métricas de comparação e a explicação são apresentadas de seguida:

### *1.* *Contagem de MPR*

A ideia do ponto de retransmissão múltiplo MPR é minimizar a inundação de mensagens de difusão no OLSR. Cada nó da rede selecionará alguns nós vizinhos que transmitirão pacotes para os outros.

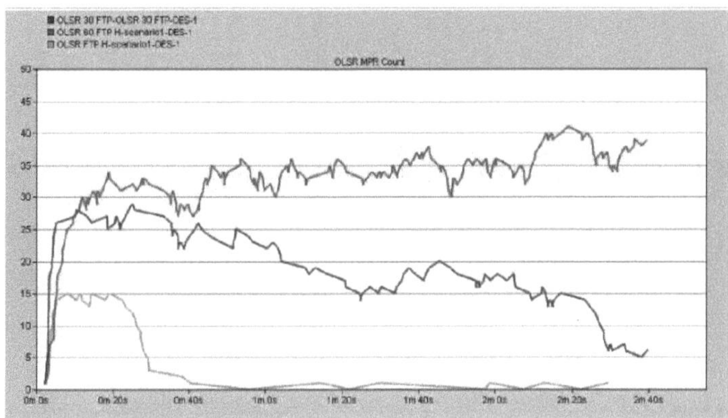

**Figura 15 MPR para OLSR**

A figura mostra a contagem de MPR para 15, 30 e 60 nós para OLSR. O processo começa por enviar uma mensagem de difusão aos vizinhos e verificar os pormenores.

Todos os três cenários têm uma contagem variável e o padrão também é diferente, ou seja, para menos nós, atingiu o seu valor mais elevado, isto é, 15, e depois desce para zero quando o processo termina. O mesmo pedido foi enviado por 30 nós e 60 nós. O gráfico também explica que há um atraso, uma vez que não está a atingir o seu valor máximo. O eixo dos x indica o tempo em minutos e o eixo dos Y indica a MPR.

## 2. *Tráfego recebido*

A figura mostra o tráfego recebido para OLSR 15, 30 e 60 nós. O valor máximo é de 1900k bit/seg. O eixo x descreve o tempo em minutos e o eixo y descreve a taxa de dados em bits/seg. A saída máxima é para 30 nós e o valor mínimo é para 60 nós e o valor é inferior a 200k bits/seg.

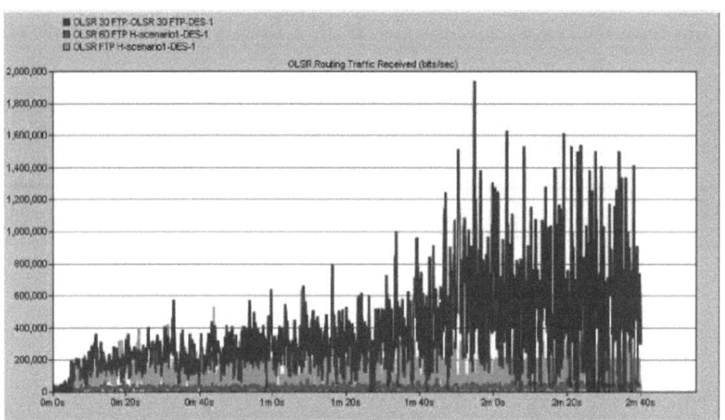


**Figura 16 Tráfego recebido para nós OLSR**
O tráfego é FTP e para 30 nós a resposta está a variar entre 200k e 1900k bits/seg.

## 3. *Tráfego enviado*

A figura mostra o tráfego FTP enviado dos nós de origem para o destino. O valor máximo é de 100k app para 30 nós e o valor mínimo é inferior a 10k bits/seg para 60 nós. O eixo x é o tempo em minutos e o eixo y é a taxa de dados em bits/seg.

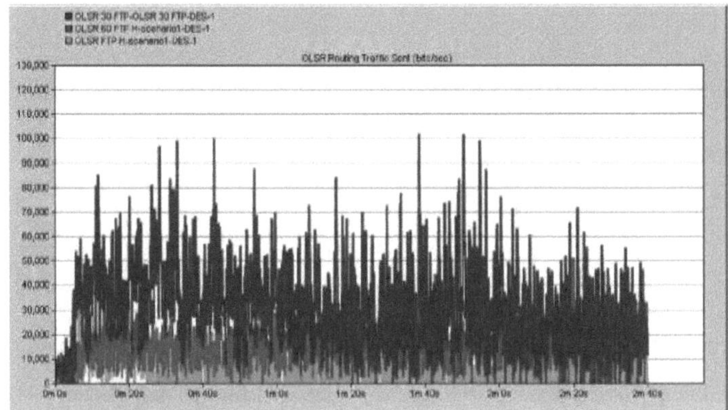

**Figura 17 Tráfego enviado para nós OLSR**

## *4.        Atraso*

A figura mostra o atraso para OLSR 15, 30 e 60 nós para tráfego FTP. O eixo x mostra

o tempo em minutos e o eixo y mostra o atraso em bits/seg. Todas as três comparações

têm atrasos e o OLSR de 30 nós tem o valor máximo, ou seja, 0,023, que é o valor mais

elevado. O OLSR de 60 nós tem um valor máximo quase igual a 0,010. O valor mínimo

é quase nulo para 15 nós durante a maior parte do tempo.

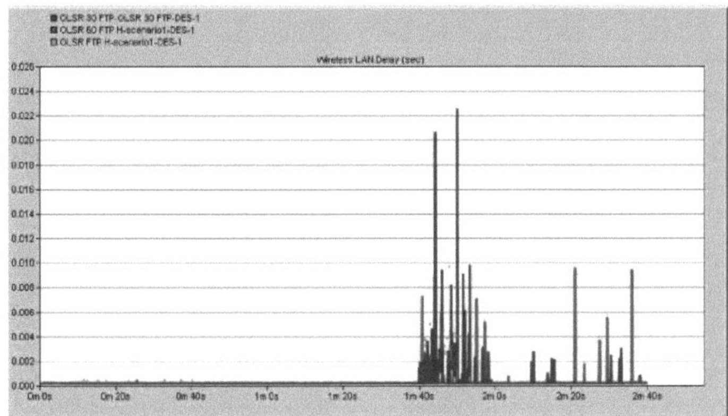

**Figura 18 Comparação do atraso para OLSR**

Isto significa que a rede é adequada para 15 nós e que a rede de 60 nós apresenta um

atraso mínimo.

## 5.    *Carga*

A figura mostra a carga da rede para OLSR para 15, 30 e 60 nós. O eixo y mostra a

taxa de dados em bits/seg. e o eixo x mostra o tempo em minutos. O valor máximo é

de 7900k bits/s para o tráfego FTP do OLSR com 30 nós. A rede gere bem a carga, ou

seja, para um tráfego mais elevado e para um tráfego mais reduzido, a carga da rede é

inferior ao valor de 30 nós. Assim, a rede tem um débito mais elevado com menos

perdas de pacotes.

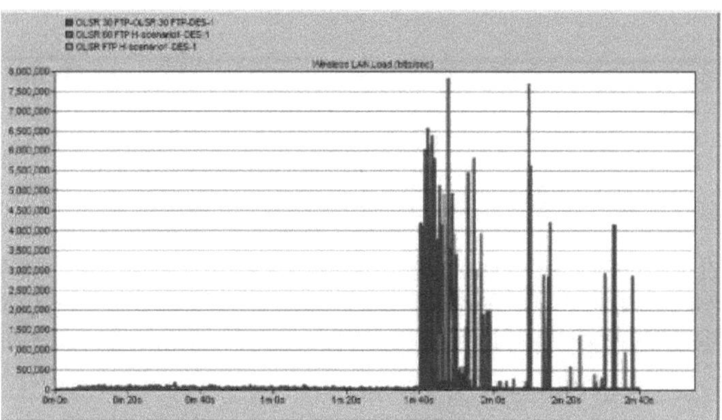

**Figura 19 Comparação de carga para OLSR**

## 6.    *Rendimento*

A figura mostra a taxa de transferência do OLSR. O valor máximo é para 30 nós, ou

seja, 8000k bits/seg. A rede apresentou um grande número de valores de débito para a

rede de 30 nós, o que mostra que é boa para redes de dimensão média. O eixo x indica

o tempo em minutos e o eixo y indica a taxa de dados em bits/seg.

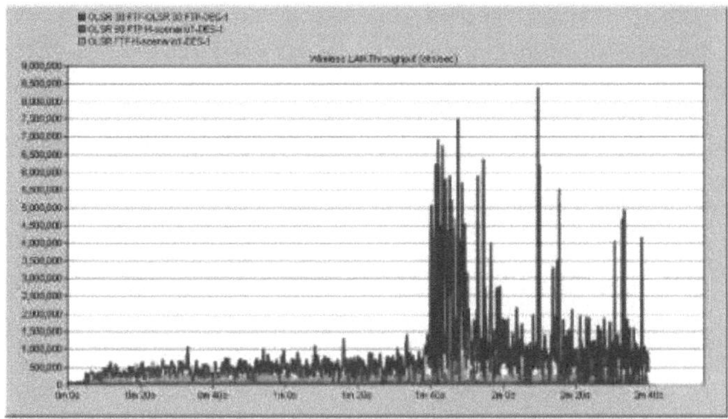

**Figura 20 Comparação da taxa de transferência para OLSR**

## 4.2 Resumo da comparação para a conceção-1

Ambos os protocolos foram avaliados no projeto-1 com uma carga de tráfego elevada de FTP. O AODV e o OLSR foram avaliados relativamente a algumas métricas de desempenho comuns e a outras avaliações orientadas para o protocolo. Ambos os protocolos foram avaliados para 15, 30 e 60 nós, numa rede com um servidor FTP e vários nós móveis.

A configuração do perfil e a configuração da aplicação foram configuradas de acordo com os requisitos do utilizador. O PHY IEEE 802.11g foi utilizado com 54 Mbps, que foi promovido para um valor mais elevado. A potência de transmissão foi definida para 10mW.

No **AODV**, para **15** nós, o valor máximo do **número de saltos por rota** situa-se entre 5 e o mínimo é 1; **para 30** nós, o valor máximo é 3 e o valor mínimo é 1, mas para **60 nós**, o valor da contagem de saltos mudou para 10. Isto deve-se ao aumento do número de saltos na rede. O valor máximo alcançado em **15 nós** para o **tráfego recebido** é de 450k bits/seg. e o valor mínimo é inferior a 50k bits/seg. Para **30 nós,** o **tráfego recebido** é de 5500k bits/seg, que é o valor máximo, e inferior a 500k bits/seg, que é o valor mínimo. **Para 60 nós,** o **tráfego recebido** nos nós de destino tem um valor máximo de 4400k bits/s e um valor mínimo inferior a 500k bits/s. O **tráfego** máximo que **foi enviado** dos nós de origem para os nós de destino no AODV **15 nós** é de 130k bits/s e o valor mínimo é inferior a 10k bits/s. Para **30 nós,** o valor máximo é de cerca de 470k bits/s e o valor mínimo é inferior a 50k bits/s. Para **60 nós,** o **tráfego máximo enviado** da origem para o destino é de 2000k bits/s e o valor mínimo é inferior a 200k bits/s. O **atraso para 15 nós** situa-se entre 0,049 bits/seg, que é o valor máximo, e o valor mínimo, ou seja, quase zero. **Para 30 nós**, o valor máximo é de 0,023 bits/seg. e o valor mínimo é novamente quase nulo. O aumento do atraso deve-se ao aumento do número de saltos, que aumenta as probabilidades de atrasos, colisões e interfaces na rede. **Para 60 nós**, o valor máximo do atraso é de 0,064 bits/seg, o que significa que, com o aumento do número de saltos, o atraso aumentou, mas a rede apresenta uma diminuição do atraso para uma rede de 30 nós, o que significa que é boa para uma rede pequena. O atraso foi gerível em toda a rede, ou seja, ao aumentar os nós de 15-60, o atraso aumentou, mas não para um valor elevado. O que significa que o AODV é um bom protocolo a implementar se estivermos a calcular o atraso para redes Ad hoc. A **carga da rede** para uma rede de **15 nós** atingiu um valor máximo de 8500k bits/seg. para menos de 500k bits/seg. O valor mais elevado deve-se ao envio de um pedido de rota difundido por toda a rede no início para combinar as informações sobre as rotas da rede em cada nó. Com o aumento do número de saltos, ou seja, **30 nós, a carga da rede** diminuiu do valor mais elevado de 8500k bits/seg para 7700k bits/seg e o valor mínimo entre 500k bits/seg. O valor mais elevado diminuiu 800k bits/seg devido ao aumento do número de saltos. Para **60 nós, a carga da rede** tem o valor mais elevado entre 11000k bits/s e menos de 1000k bits/s.

bits/seg. para o valor mínimo. O valor da carga da rede baixou de 8500k bits/seg. para 15 nós para 7700k bits/seg. para 60 nós, o que significa que a rede é eficiente e geriu muito bem o aumento do número de saltos, mas para 60 nós a carga da rede é máxima devido ao elevado número de saltos. A manutenção da carga em toda a rede ajudará a obter um maior débito. Para **15 nós**, o valor máximo do débito é de 8400k bits/segundo e o valor mínimo é de 500k bits/segundo. **Para 30 nós**, o **débito** tem um valor máximo de 8900k bits/s e um valor mínimo inferior a 500k bits/s. Para **60 nós,** o valor máximo de débito é de 10.000k bits/seg. e o valor mínimo é inferior a 1000k bits/seg. A taxa de transferência máxima foi atingida com 60 nós, o que significa que o AODV é adequado para redes de grande dimensão, mantendo a taxa de transferência como fator crítico de desempenho.

### 4.2.1 Tabela de comparação de valores para o AODV

| Desempenho | 15 nós | 30 nós | 60 nós |
| --- | --- | --- | --- |
| **Métricas** | | | |
| **Número de Lúpulo por Rota** | Valor variável de 1-5 | Valor variável de 1-3 | Valor variável de 1-10 |
| **Tráfego recebido** | 450k-- 50k bits/seg | 5500k-500k bits/seg | 4400k- 500k bits/seg |
| **Tráfego enviado** | 130k- -10k bits/seg | 460k- 50k bits/seg | 2000k- 200k bits/seg |
| **Atraso** | 0.049 | 0.023 | 0.064 |
| **Carga** | 8500k -500k bits/seg | 7600k- 500k bits/sec | 11000k- 1000k bits/sec |
| **Capacidade de produção** | 8500k- 500k bits/seg | 8900k- 500k bits/seg | 10,000k-- 1000k bits/seg |

No **OLSR, para 15 nós, a contagem de MPR** está a variar entre 15 e o valor mínimo

1, parecendo que sempre que a difusão de inundação é evitada o valor desce e vice-versa. **Para 30 nós,** o valor chega a 29 e depois desce para 4, mas o intervalo é longo. Este facto deve-se ao aumento do número de nós. No início, o valor aumenta e atinge o valor máximo, ou seja, 29, e após alguns minutos o valor atinge 4. Isto deve-se ao aumento do número de saltos, que também ajudou a rede a evitar a inundação de rotas dos vizinhos. **Para 60 nós**, os gráficos mostram que o valor começa em 0-41. No final, o gráfico mantém um valor de 35-40, para a rede de 60 nós.

Ao calcular o **tráfego recebido** para **15 nós**, o valor máximo é de 650k bits/s e o valor mínimo é inferior a 50k bits/s. **Para 30 nós,** o tráfego máximo recebido no destino é de 2000k bits/s e o valor mínimo é inferior a 200k bits/s. Para 60 nós, o tráfego máximo recebido é de 87k bits/s e o valor mínimo é inferior a 20k bits/s. O tráfego máximo recebido com uma rede de dimensão média, ou seja, 30 nós, é de 2000k bits/s. O valor do tráfego recebido com 60 nós diminui devido ao aumento do número de saltos e à perda de pacotes na rede. O aumento do número de saltos aumentou as probabilidades de atrasos, colisões e interfaces na rede, o que prejudica a receção do pacote no destino.

O **tráfego enviado**

O tráfego de **15 nós** para o destino tem um valor máximo de 52k bits/s e um valor mínimo de 5k bits/s. **O tráfego enviado para 30 nós** tem um valor máximo de 100k bits/s e um valor mínimo inferior a 10k bits/s. **O tráfego enviado para 60 nós** tem um valor máximo de cerca de 52k bits/seg. e um valor mínimo inferior a 10k bits/seg. Os valores do tráfego variam à medida que o número de saltos aumenta. **O atraso** encontrado para **15 nós** é de 0,0098 bits/seg. O atraso **para 30 nós** é de aproximadamente 0,023 bits/seg. O atraso **para 60 nós** é de aproximadamente 0,0095 bits/seg. O atraso mínimo verifica-se no cenário de 15 e 60 nós, o que significa que o OLSR é melhor para um tráfego elevado com um mínimo de perda de pacotes, tanto para uma rede de nós pequenos como para uma rede de nós grandes. A **carga da rede para o cenário de 15 nós** tem um valor máximo de 4900k bits/s e um valor mínimo de 500k bits/s. Para **30 nós,** o valor máximo é de 7800k bits/s e o valor mínimo é inferior a 500k bits/s. Para **60 nós,** o valor máximo da carga é de 4200k bits/s e o valor mínimo é inferior a 500k bits/s. Com o aumento do número de saltos, o valor da carga da rede desce de 7800k bits/s para 4200k bits/s. A carga da rede está a variar à medida que o número de saltos aumenta. Isto deve-se simplesmente ao facto de os nós móveis mudarem frequentemente o estado da ligação e também o estado da MPR. Esta situação incentiva a difusão periódica de mensagens "hello" e de mensagens de controlo da topologia, a fim de descobrir os nós vizinhos. Uma vez que o OLSR é um protocolo de encaminhamento baseado em tabelas. Tem mais despesas de comunicação e vice-versa. O valor máximo do **débito** para **15 nós** é de 4700k bits/seg. O valor máximo para 30 nós é de 7800k bits/seg. e para 60 nós o valor é de 4200k bits/seg. O valor do débito diminui com o aumento do número de nós. O OLSR é um bom protocolo para redes de pequena e média dimensão quando se calcula o débito na rede.

### 4.2.2 *Tabela de comparação de valores para OLSR*

| Desempenho Métricas | 15 nós | 30 nós | 60 nós |
| --- | --- | --- | --- |
| Contagem de MPR | Variação de 15-1 | Variar de 29-4 | Variar de 42-35 |
| Tráfego recebido | 650k-50k bits/seg | 2000k-200k bits/seg | 87k-20k bits/seg |
| Tráfego enviado | 52k-5k bits/seg | 100k-10k bits/seg | 52k-5k bits/seg |
| Atraso | 0.0095 | 0.023 | 0.0095 |
| Carga | 4900k-500k bits/seg | 7800k-500k bits/seg | 4200k-500k bits/seg |
| Capacidade de produção | | 4700k-500k | 8500k-500k 4200k-500k |

Depois de avaliar todos os casos, os resultados do OLSR são bons para uma rede de tamanho médio, pois podemos ver que o débito para uma rede média é elevado e para um salto grande o débito é baixo.

Existe sempre um compromisso entre as métricas de desempenho de um protocolo de encaminhamento e as do outro. No projeto 1, ambos os protocolos de encaminhamento foram implementados com os mesmos parâmetros, mas com métricas de desempenho diferentes. O AODV e o OLSR tiveram um bom desempenho. Temos de decidir qual o fator que vamos considerar importante para calcular o desempenho global da rede.

Se considerarmos o débito como fator para calcular o desempenho global, então, para 15 nós, o AODV tem 8500kbits/seg, para 30 nós 8900kbits/seg e para 60 nós o valor é de 10 000kbits/seg. Isto significa que o AODV tem um bom desempenho para redes de média e grande dimensão, ou seja, dá um bom valor de débito no design1.

Relativamente ao OLSR, o débito para 15 nós é de 4700kbits/seg., para 30 nós é de 8500kbits/seg. e para 60 nós é de 4200kbits/seg. De acordo com os resultados, o OLSR teve um bom desempenho numa rede de dimensão média. Os resultados de débito do AODV são melhores do que os do OLSR. Segundo o autor, o AODV é o melhor protocolo de encaminhamento a implementar utilizando o design1, mantendo o débito como o principal indicador de desempenho para redes de média e grande dimensão.

## 4.2 Conceção -2
### 4.2.1  Resultados e avaliação do AODV
O protocolo de encaminhamento AODV com 15 nós no projeto 2 é comparado abaixo, utilizando as opções de estatísticas globais do OPNET. As métricas de comparação e a explicação são apresentadas de seguida:

### 1.    *Número de saltos por rota*

A figura 21 mostra o número de saltos por rota na conceção 2. A conceção consiste num router em malha e em gateways. A contagem de saltos pode ser calculada como o número de clientes em malha ligados a estes routers ou que passam pelas gateways.

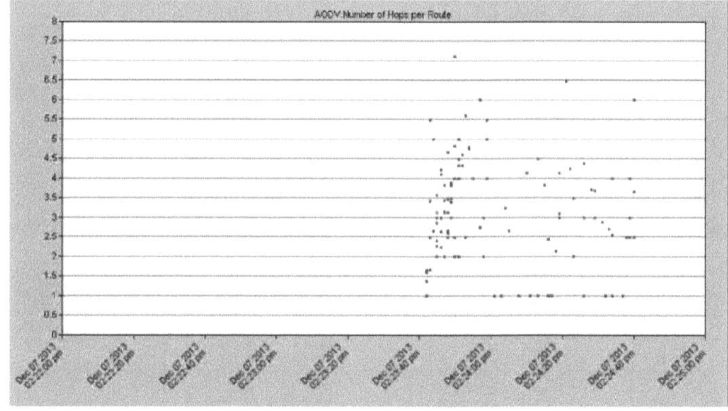

**Figura 21 Número de saltos por rota para a conceção-2 do AODV**

A figura mostra que o valor máximo é 7 hops e o valor mínimo é 1. A figura explica o

número de hops por rota, ou seja, o número de hops associados aos routers e às

gateways. O AODV trabalha com RREQ e RRREP a partir destes processos, a tabela

de encaminhamento será desenvolvida quando necessário. Os atrasos podem afetar o

processo de contagem e, em alguns casos, o processo de descoberta de rotas é

novamente necessário. Esta conceção centra-se exclusivamente nas entidades básicas

da WMN, ou seja, routers e gateways em malha.

Os resultados apresentam atrasos, ou seja, interferências e colisões entre os nós, etc.

## 2.    *Tráfego recebido*

A figura mostra o tráfego recebido no destino no projeto 2. A figura refere-se ao AODV

de 15 nós com tráfego FTP de carga elevada. A figura mostra algum atraso e, passado

algum tempo, começa a mostrar resposta ao tráfego recebido.

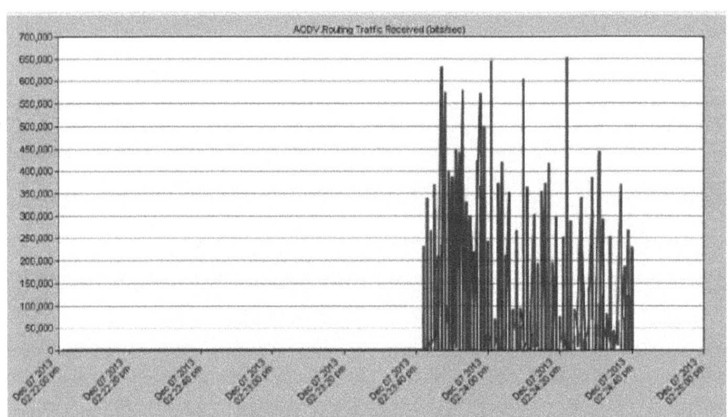

**Figura 22 Tráfego recebido para o AODV deisgn-2**

O eixo x indica o tempo e o eixo y indica a taxa de dados em bits/seg. O tráfego máximo

recebido é de cerca de 650k bits/s e o valor mínimo é inferior a 100k bits/s para o

tráfego AODV FTP de 15 nós.

### 3.	*Tráfego enviado*

A figura mostra o tráfego enviado da origem para o destino a partir do nó AODV 15

para uma carga de tráfego elevado de FTP. O eixo x mostra o tempo e o eixo y mostra

a taxa de dados em bits/seg. O valor máximo enviado é de 280k bits/seg e o mínimo é

de cerca de 20k bits/seg. A variação na figura deve-se ao atraso, ou seja, aos atrasos de

transmissão e a outros problemas de descoberta de vizinhos.

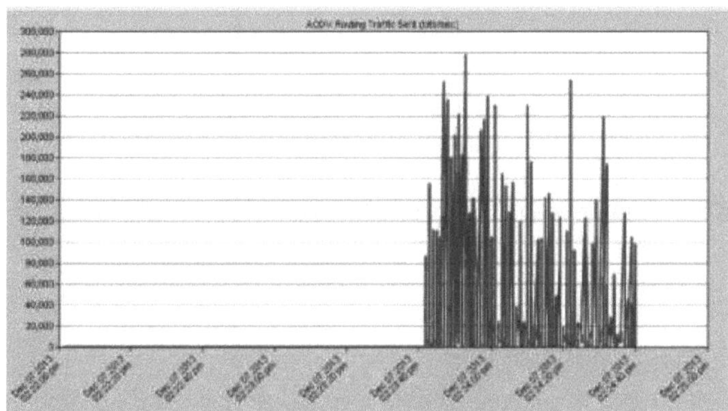

**Figura 23 Tráfego enviado para o AODV deisgn-2**
A figura mostra um grande atraso durante algum tempo e depois começa a enviar o

tráfego para os vizinhos, o que se deve aos atrasos no início, quando o tráfego está a

adquirir e a procurar vizinhos. A descoberta da rota também está a atrasar o processo.

### 4.	*Atraso*

A figura mostra o atraso para o tráfego AODV FTP de 15 nós. O valor máximo é de

0,021 e o mais baixo é inferior a 0,001, o que é um valor insignificante. A figura mostra

uma resposta razoável à pequena dimensão da rede, ou seja, um atraso mínimo.

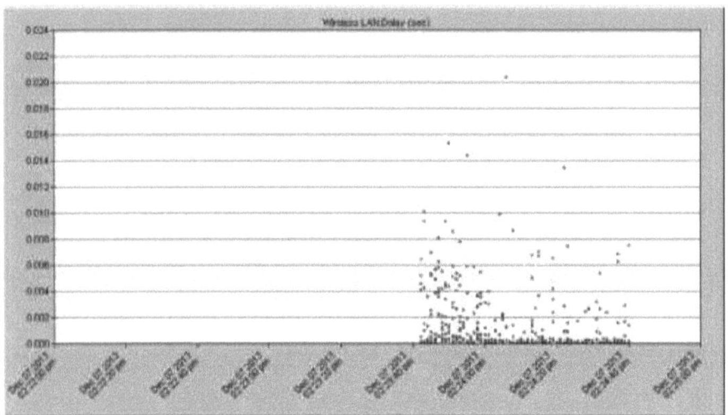

**Figura 24 Atraso para o AODV deisgn-2**

A variação na figura pode dever-se à latência da descoberta de rotas, às filas de espera nas interfaces ou aos tempos de transferência. O valor atinge o seu máximo porque o AODV é um encaminhamento a pedido, o que aumenta a sobrecarga de encaminhamento.

## 5.  *Carga*

A figura mostra a carga do AODV na conceção 2. A carga tem um valor máximo a 7000k bits/seg e um mínimo inferior a 500k bits/seg. O eixo x indica o tempo e o eixo y indica a taxa de dados em bits/seg.

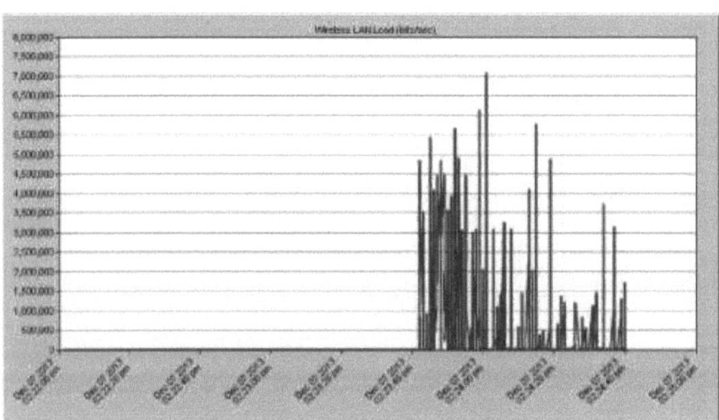

**Figura 25 Carga da rede para a conceção 2 AODV**

A carga é para 15 nós AODV com tráfego elevado de FTP. O

A variação na figura deve-se ao processo de descoberta de rotas. Para 15 nós, a descoberta não é muito longa, pelo que a figura mostra a saída máxima em dois pontos.

## 6.    *Produtividade*

A figura mostra a taxa de transferência para um tráfego elevado de 15 nós AODV FTP.

O eixo x indica o tempo e o eixo y descreve a taxa de dados em bits/seg. A partir da

figura, o valor máximo para o AODV FTP de 15 nós é de 7000k bits/seg e o valor

mínimo é inferior a 500k bits/seg. A figura mostra que esta rede é adequada para redes

de pequena dimensão. A taxa de transferência é razoavelmente boa, ou seja, gere muito

bem as interferências e mantém uma boa taxa de transferência durante muito tempo.

No início, o débito é nulo durante algum tempo, o que pode dever-se à procura de

vizinhos para partilhar a rota.

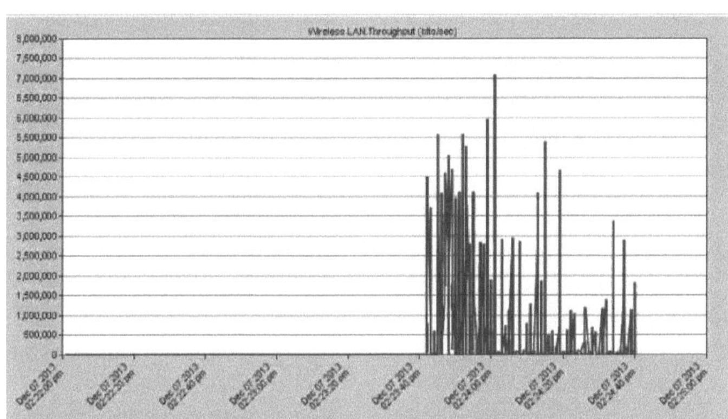


**Figura 26 Taxa de transferência para a conceção 2 AODV**
Esta conceção é favorável a uma rede de pequena dimensão no AODV. Para 15 nós, o

AODV e o FTP têm um tráfego elevado.

## 4.2.2 Resultados e avaliação do OLSR

A comparação abaixo explicará o desempenho dos protocolos de encaminhamento

OLSR no projeto -2. As métricas de comparação e a explicação são apresentadas de

seguida:

### 1.   *Contagem de MPR*

A figura mostra a contagem do ponto de retransmissão múltipla MPR do projeto 2 para

o nó OLSR 15. O MPR centra-se na minimização da inundação de mensagens de

difusão no OLSR. As mensagens de difusão serão reencaminhadas para os vizinhos

para recolher as informações de encaminhamento.

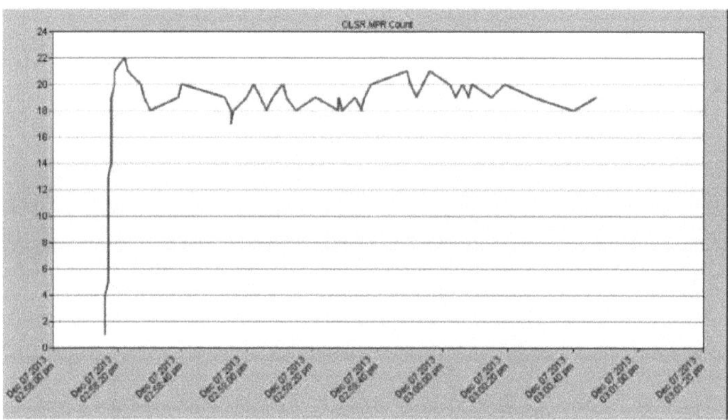

**Figura 27 Estado MPR da conceção OLSR2**

A figura mostra um padrão variável, uma vez que o pedido de rota é encaminhado uma

vez e a tabela de encaminhamento está disponível em todos os nós para comunicar uns

com os outros. O eixo x indica o tempo em minutos e o eixo Y indica a contagem de

MPR. O valor máximo é de 22 MPR e, depois de atingir esse valor máximo, a rede

mantém uma contagem de MPR de 17-22.

## 2.  *Tráfego recebido*

A figura mostra o tráfego recebido no destino. O valor mais elevado é de 240k bits/s e o valor mínimo é inferior a 20k bits/s. A variação deve-se ao número de routers e gateways em malha.

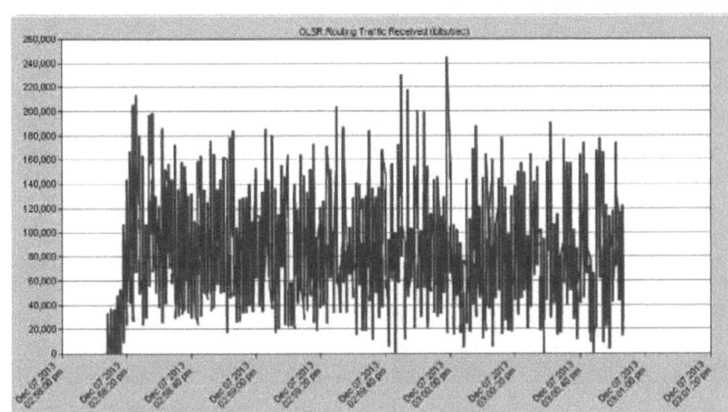

**Figura 28 Tráfego recebido na conceção OLSR2**

O tráfego utilizado é o tráfego elevado de FTP. O eixo dos x indica o tempo e o eixo dos y descreve a taxa de dados em bits/seg. a que o tráfego é recebido no destino.

## 3.  *Tráfego enviado*

A figura mostra o tráfego enviado da origem para o destino. O tráfego máximo enviado é de 69k bits/segundo e o mínimo é inferior a 10k bits/segundo. A variação é a mensagem de difusão enviada para os vizinhos.

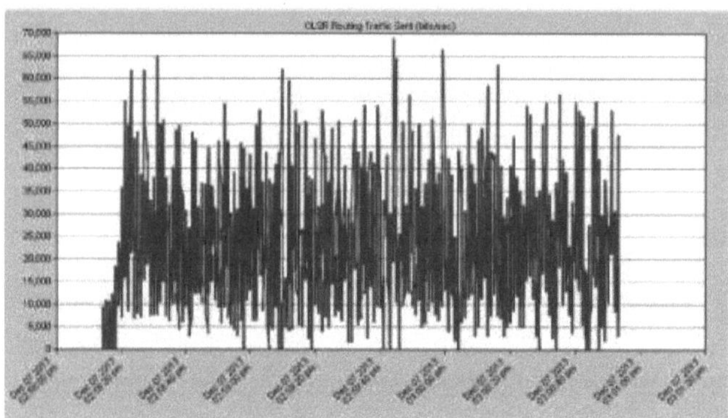

**Figura 29 Tráfego enviado na conceção 2 OLSR**

O eixo x indica o tempo e o eixo y descreve a taxa de dados em bits/seg. à qual os

dados são enviados.

## 4. *Atraso*

A figura mostra o atraso no OLSR para 15 nós no projeto 2.

O atraso deve-se à colisão entre os nós. O atraso máximo é de 0,010 e o valor mínimo

é inferior a 0,001.

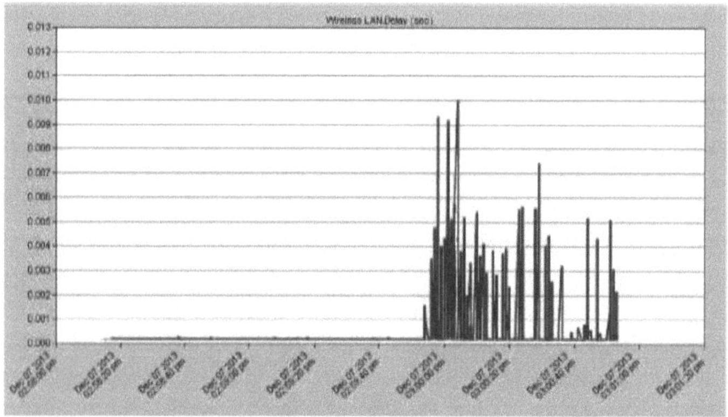

**Figura 30 Atraso na conceção 2 do OLSR**

O eixo x representa o tempo e o eixo y descreve o valor do atraso. O OLSR, de acordo

com a figura, é uma boa escolha para ser implementado em pequenas redes devido ao

baixo fator de atraso.

## 5.    *Carga*

A figura mostra a carga do nó OLSR 15 com tráfego elevado de FTP. O valor máximo da carga é de 8000k bits/s e o valor mínimo é inferior a 500k bits/s.

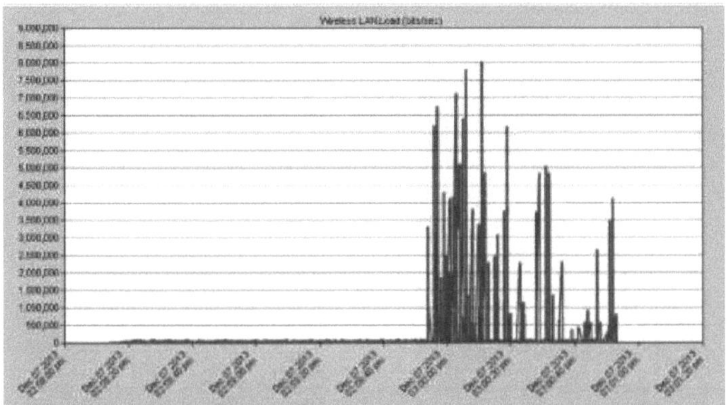

**Figura 31 Carga na conceção 2 do OLSR**

A figura mostra um aumento drástico e depois o valor da carga não é muito elevado. Tal deve-se ao controlo periódico da topologia e à mensagem Hello para descobrir os vizinhos. Como o OLSR é um protocolo de encaminhamento baseado em tabelas, tem mais despesas de encaminhamento e de comunicação.

## 6.    *Rendimento*

A figura mostra a taxa de transferência do OLSR com 15 nós. O valor máximo é de 7700k bits/s e o valor mínimo é inferior a 500k bits/s.

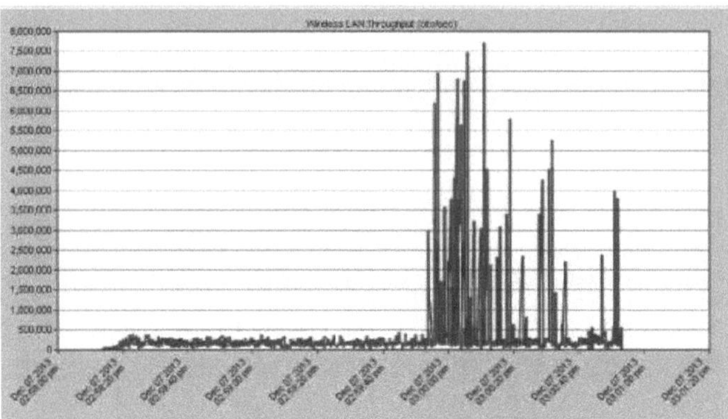

**Figura 32 Taxa de transferência do OLSR na conceção 2**

O eixo x indica o tempo e o eixo y descreve a taxa de dados em bits/seg. A taxa de transferência corresponde aos dados efetivamente recebidos no destino. O OLSR apresenta uma boa taxa de transferência em comparação com o AODV no projeto 2, o que mostra que o OLSR é preferível para ser implementado numa rede de pequena dimensão.

### 4.2.3 Resumo dos resultados da conceção 2

No projeto 2, a simulação foi feita exclusivamente com base nos conceitos WMN, ou seja, implementando os routers e gateways em malha entre os clientes em malha. Nesta implementação, a mobilidade não foi definida para ver os resultados não afectados pelas interferências e colisões.

Ambos os protocolos de encaminhamento foram implementados sob as mesmas condições e parâmetros. As métricas de desempenho foram variadas consoante os protocolos de encaminhamento.

Comparando ambos os protocolos de encaminhamento com as mesmas métricas de desempenho, ou seja, atraso, carga e débito. O atraso do AODV é de 0,021 e o do OLSR é de cerca de 0,010, o que mostra que o OLSR é uma boa opção se estivermos a considerar um atraso menor em redes pequenas. A carga no AODV é de 7000k bits/seg e no OLSR é de 8000k bits/seg. O AODV tem menos carga de rede em redes pequenas, o que significa que é uma boa opção a implementar se considerarmos uma menor carga de rede em redes pequenas. O débito é a métrica de desempenho real desta rede pequena, ou seja, o AODV tem um débito igual a 7000 mil bits/seg. e o OLSR tem 7800 mil bits/seg., o que mostra que o OLSR é a melhor opção para obter o máximo débito em redes pequenas.

# Capítulo 5
## 5.1 Conclusões

O autor avaliou a conceção 1 e a conceção 2 de acordo com o cenário apresentado. O projeto 1 tem três casos diferentes. O projeto 1 foi testado para 15, 30 e 60 nós para o AODV e o OLSR. Os resultados mostram que o AODV teve um bom desempenho para redes médias e grandes, considerando o débito como fator crítico. Já o OLSR teve um bom desempenho em redes de pequena e média dimensão. O autor avaliou criticamente a conceção 1 e concluiu que o débito é o fator a ter em conta para o desempenho global da rede num determinado caso. Ambos os protocolos de encaminhamento têm um desempenho superior no cenário desejado, mas considerando o débito como fator crítico, o AODV tem um melhor desempenho em redes de média e grande dimensão e o OLSR tem um bom desempenho em redes de pequena e média dimensão. No entanto, o AODV apresentou um débito máximo em relação ao OLSR num caso e é considerado o melhor para redes de grande dimensão.

Se considerarmos o protocolo de encaminhamento para uma rede de grande dimensão, o AODV é o melhor, com uma taxa de transferência de 10 000k bits/s e o OLSR com 8500kbits/s para uma rede de dimensão média.

Há sempre um compromisso entre as métricas de desempenho. Se considerarmos o débito como a métrica de desempenho mais crítica, pode ser que num caso seja bom, mas nunca se sabe se os atrasos e a carga afectarão a rede no futuro.

Considerando o projeto 2, este centra-se principalmente na ideia central da WMN, ou seja, o router em malha, os clientes em malha e as gateways. O AODV e o OLSR foram testados utilizando 15 nós no projeto 2. Os resultados mostram que o OLSR é o melhor de ambos. O fator que ajuda o autor a decidir e a avaliar criticamente o desempenho da rede é a taxa de transferência. O OLSR apresenta um débito máximo com menos atrasos do que o AODV.

O efeito de interferência pode ser reduzido através da colocação dos nós com um espaçamento adequado entre eles. A área deve ser aumentada de forma adequada para colocar os nós num espaço e localização razoáveis.

## 5.2 Trabalhos futuros

Devido a limitações de tempo, o autor só conseguiu configurar a rede para o tráfego FTP. No futuro, pode ser feito um trabalho para alterar o tipo de tráfego, ou seja, vídeo, bases de dados, http, etc.

Além disso, os projectos foram configurados com IPV4 e podem ser configurados com IPV6. Para ultrapassar o problema das interferências, o autor utilizou a opção de mobilidade aleatória, que garante até ao nível do software a melhoria do desempenho global da rede sem demasiadas interferências e efeitos de colisão.

A conceção 2 pode ainda ser alargada a 30 e 60 nós para verificar o desempenho da rede e decidir o débito e outros factores de acordo com os resultados. O autor não configurou a mobilidade aleatória no projeto 2 para evitar qualquer colisão e interferência no projeto 2. O trabalho futuro também pode ser configurar a mobilidade no projeto 2 e ver os efeitos nos resultados devido à mobilidade aleatória dos pontos de passagem. O autor utilizou o PHY IEEE 802.11g. No futuro, a implementação pode ser efectuada utilizando uma norma IEEE diferente e também alterar a largura de banda para avaliar os resultados.

**Referências**

Ajmal, M.M., Mahmood, K. & Madani, S.A. (2010) "Efficient routing in wireless mesh network by enhanced AODV", *Information and Emerging Technologies (ICIET), 2010 International Conference On*, **IEEE. p1-7.**

Anjum, S. & Bhadauria, S.S. (2011) "TCP and UDP based analysis of AODV and OLSR in mobile ad-hoc networks", *Communication Systems and Network Technologies (CSNT), 2011 International Conference On*, **IEEE. p170-173.**

Aujla, G.S. & Kang, S.S. (2013) 'Comprehensive evaluation of AODV, DSR, GRP, OLSR and TORA routing protocols with varying number of nodes and traffic applications over MANETs', 9 (3), pp.54-55-61.

Baumann, R., Heimlicher, S., Lenders, V. & May, M. (2007) "Routing packets into wireless mesh networks", *Wireless and Mobile Computing, Networking and Comunicações, 2007. WiMOB 2007. Terceira Conferência Internacional do IEEE*, **IEEE. p38-38.**

Boukerche, A., Guardalben, L., Sobral, J.B.M. & Notare, Mirela Sechi Moretti Annoni (2008) "A performance evaluation of OLSR and AODV routing protocols using a self-configuration mechanism for heterogeneous wireless mesh networks", *Local Computer Networks, 2008. LCN 2008. 33ª Conferência do IEEE*, **IEEE. p697-704.**

ELshaikh, M., Kamel, N. & Awang, A. (2009) "High throughput routing algorithm metric for OLSR routing protocol in wireless mesh networks", *Signal Processing & its Applications, 2009. CSPA 2009. 5th International Colloquium On*, **IEEE. p445-448.**

**Gamal, A.E., Mammen, J., Prabhakar, B. & Shah, D. (2004) "Throughput-delay trade-off in wireless networks",** *INFOCOM 2004. Vigésima terceira Conferência Anual Conjunta das Sociedades de Computadores e Comunicações do IEEE,* **IEEE.**

**Ghannay, S., Gammar, S.M. & Kamoun, F. (2008)** *"Comparison of proposed path selection protocols for IEEE 802.11 s WLAN mesh networks",* **em Anonymous** *Wireless and mobile networking.* **Springer. pp. 17-28.**

**Guardalben, L., Villalba, L.J.G., Buiati, F., Sobral, J.B.M. & Camponogara, E. (2010) 'Self-configuration and self-optimization process in heterogeneous wireless networks',** *Sensors,* **11 (1), pp.425-454.**

**Khan, S., Pirzada, A.A. & Portmann, M. (2007) "Performance comparison of reactive routing protocols for hybrid wireless mesh networks",** *Wireless Broadband and Ultra Wideband Communications, 2007. AusWireless 2007. the 2nd International Conference On,* **IEEE. p78-78.**

**Kuppusamy, P., Thirunavukkarasu, K. & Kalaavathi, B. (2011) "A study and comparison of OLSR, AODV and TORA routing protocols in ad hoc networks",** *Electronics Computer Technology (ICECT), 2011 3rd International Conference On,* **IEEE. p143-147.**

**Larsson, T. & Hedman, N. (1998) 'Routing protocols in wireless ad-hoc networks-a simulation study',** *Estocolmo: LuleS University of*

*Technology.Master Thesis, .*

**Li, W., Wu, X., Du, X.W. & Li, Q. (2011) "The study of wireless campus mesh network route protocol design",** *Communication Software and Networks (ICCSN), 2011 IEEE 3rd International Conference On,* **IEEE. p312316.**

**Liu, N. & Seah, W.K. (2011) "Performance evaluation of routing metrics for community wireless mesh networks",** *Intelligent Sensors, Sensor Networks and Information Processing (ISSNIP), 2011 Seventh International Conference On,* **IEEE. p556-561.**

**Mughal, F.Z. & Azam, M.I. (2010) "Comparative analysis of proactive, reactive and hybrid ad hoc routing protocols in client based wireless mesh network",** *Information and Emerging Technologies (ICIET), Conferência Internacional de 2010,* **IEEE. p16.**

**Nyirenda, B. & Mwanza, J. (2009) 'Performance evaluation of routing protocols in mobile ad hoc networks (MANETs)',** *Blekinge Institute of Technology" em janeiro, .*

**Paul, A.B., Konwar, S., Gogoi, U., Chakraborty, A., Yeshmin, N. & Nandi, S. (2010) "Implementation and performance evaluation of AODV in wireless mesh networks using NS-3",** *Education Technology and Computer (ICETC), 2010 2nd International Conference On,* **IEEE. pV5-298-V5-303.**

**Saika, A., El Kouch, R., Najid, A. & Himmi, M. (2010) "Implementation and performances of the protocols of routing AODV and OLSR in the ad**

hoc networks", *I/V Communications and Mobile Network (ISVC), 2010 5th International Symposium On,* **IEEE. p1-4.**

**Sethi, J. & Rohil, H. (2013) 'Effect of FTP and FTP generic traffic generator on the performance of MANET routing protocols',** *International Journal,* **3 (4),** .

**Seyedzadegan, M., Othman, M., Ali, B.M. & Subramaniam, S. (2011) "Wireless mesh networks: WMN overview, WMN architecture",** *Conferência Internacional sobre Engenharia da Comunicação e Redes IPCSIT,* .

**Shrestha, A. & Tekiner, F. (2009) "On MANET routing protocols for mobility and scalability",** *Parallel and Distributed Computing, Applications and Technologies, 2009 International Conference On,* **IEEE. p451-456.**

**Thai, P.N. & Won-Joo, H. (2007) "Hierarchical routing in wireless mesh network",** *Advanced Communication Technology, the 9th International Conference On,* **IEEE. p1275-1280.**

**Waqas, A. & Muhammad Kashif, A. (2009)** *An Investigation of Routing Protocols in Wireless Mesh Networks under certain Parameters <br /> .*

**Campus de Karlskrona, Suécia: Instituto de Tecnologia de Blekinge.**

**Zakaria, A., Mohamad, H., Ramli, N. & Ismail, M. (2013) "Performance evaluation of routing protocols in wireless mesh network",** *Advanced Communication Technology (ICACT), 2013 15th International Conference On,* **IEEE. p1111-1115.**

Zhao, L., Yu, Z., Niu, J., Zhang, H. & Ding, W. (2010) "A hybrid routing protocol for hierarchy wireless mesh networks", *Wireless Communications Networking and Mobile Computing (WiCOM), 2010 6th International Conference On,* IEEE. p1-4.

# Apêndices
## Apêndice: A Passos na configuração do projeto de simulação OPNET-1

Passos para configurar os nós no OPNET

1.      Selecionar os nós móveis das placas de objectos MANET

2.      Adicionar um servidor fixo

3.      Adicionar perfil, configurações de aplicações e nós de mobilidade

4.      Selecione todos os nós utilizando o separador Editar e selecione todos na sub-rede e, em seguida, vá para o separador Protocolo, vá para IP e selecione Atribuição automática de IP V-4 para todos os nós.

5.      Clique com o botão direito do rato em qualquer nó móvel e selecione o protocolo Ad-Hoc como AODV ou OLSR.

6.      Vá para a configuração da definição da aplicação e adicione uma linha, escreva o nome da aplicação e selecione a descrição, ou seja, o tipo de tráfego e o valor da carga. Guarde-a.

7.      Ir para a definição do perfil.

8.      Arraste profile_config para a janela do espaço de trabalho, defina o seu nome e, em seguida, edite os atributos.

9.      No menu de configuração do perfil, definir o número de linhas igual a 1.

10.     No menu Introduzir nome do perfil, defina o seu nome.

11.     Em aplicações, definir o número de linhas igual a 1.

12.     Em nome da aplicação, defina o seu nome como FTP.

13.     Definir o desvio da hora de início como constante=0.

14.     Duração= Fim do perfil.

15. Na opção de repetibilidade, defina o tempo entre repetições (segundos) como constante = 300.

16. Definir o número de repetições como constante =0.

17. Clique em Aplicar aos objectos selecionados e clique em OK.

18. Arraste mobility_config da paleta de objectos para a janela do espaço de trabalho, defina o seu nome e edite os atributos.

19. Com um perfil de mobilidade aleatório, definir o número de linhas igual a 1.

20. No ponto de passagem aleatório predefinido e depois nos parâmetros do ponto de passagem aleatório, defina a velocidade (metros/segundos) para constante = 10.

21. Definir o tempo de pausa para constante = 200.

22. Definir a hora de início (segundos) como constante = 0.

23. Deixar todas as outras opções por defeito.

24. Assinale Aplicar e clique em OK.

25. Guardar o projeto.

Topologia ÷ Mobilidade aleatória ÷ Definir perfil de mobilidade.

No servidor:

26. Taxa de dados: 54Mpbs promovida para um valor superior

27. PHY padrão IEEE802.11g

28. Nos nós:

Potência 10mW

29. separador IN DES:

Intervalo: 300,000

Tempo de simulação 160

Valores por estatística 1600

30.     Clique com o botão direito do rato e selecione editar atributos>> Selecionar aplicações--- selecione o perfil de aplicações suportadas como ftp high e serviços suportados all. Aplicar isto a todas as sub-redes.

31.     Escolha estatísticas individuais e selecione AODV ou OLSR com LAN sem fios para ver os resultados em DES.

32.     Executar/Configurar utilizando o separador DES.
33.     Ver os resultados.

# Apêndice: B Passos na configuração do projeto de simulação OPNET-2

Passos para configurar os nós no OPNET

1.      Abrir um novo projeto.

2.      Adicionar o nome do projeto.

3.      Selecione um projeto em branco.

4.      Adicionar área em metros.

5.      Selecione MANET e LAN sem fios no separador e selecione Concluir.

6.      Adicione dois routers de gateway no espaço de trabalho, 5 routers e um número de clientes móveis em malha.

7.      Selecionar os nós das placas de objectos MANET que não devem ser móveis.

8.      Adicionar perfil, configurações de aplicação Objectos de configuração no espaço de trabalho.

9.      Selecione todos os nós utilizando o separador Editar e selecione todos na sub-rede e, em seguida, vá para o separador Protocolo, vá para IP e selecione Atribuição automática de IP V-4 para todos os nós.

10.      Clique com o botão direito do rato em qualquer nó e selecione o protocolo Ad-Hoc como AODV ou OLSR.

11.      Aceda à configuração da definição da aplicação e adicione uma linha, escreva o nome da aplicação e selecione a descrição, ou seja, o tipo de tráfego e o valor da carga. Guarde-a.

12.      Ir para a definição do perfil.

13.      Arraste profile_config para a janela do espaço de trabalho, defina o seu nome e, em seguida, edite os atributos.

14.	No menu de configuração do perfil, definir o número de linhas igual a 1.

15.	No menu Introduzir nome do perfil, defina o seu nome.

16.	Em aplicações, definir o número de linhas igual a 1.

17.	Em nome da aplicação, defina o seu nome como FTP.

18.	Definir o desvio da hora de início como constante=0.

19.	Duração= Fim do perfil.

20.	Na opção de repetibilidade, defina o tempo entre repetições (segundos) como

constante = 300.

21.	Definir o número de repetições como constante =0.

22.	Clique em Aplicar aos objectos selecionados e clique em OK.

23.	Guardar o projeto.

24.	Taxa de dados: 54Mpbs promovido para o valor mais elevado

25.	PHY padrão IEEE802.11g

26.	Nos nós:

Potência 10mW

27.	separador IN DES:

Intervalo: 300,000

Tempo de simulação 160

Valores por estatística 1600

28.	Clique com o botão direito do rato e selecione editar atributos>> Selecionar

aplicações--- selecione o perfil de aplicações suportadas como ftp high e serviços

suportados all. Aplicar isto a todas as sub-redes.

29.	Escolha estatísticas individuais e selecione AODV ou OLSR com LAN sem fios para ver os resultados em DES.

30.      Executar/Configurar utilizando o separador DES.

31.      Ver os resultados.

# Apêndice: C Formulário de Proposta de Projeto

Formulário de proposta de projeto de mestrado

AY12/13, Semestre 1

| | |
|---|---|
| **Número do aluno** | 1216544 |
| **Nome do aluno** | Muhammad Zulkifl Hasan |
| **Curso de Licenciatura** | Mestrado em Redes Informáticas |
| **Nome do supervisor** | Freiderikos Vasilis |
| **Título do projeto** | Avaliação do desempenho do AODV & OLSR em redes Mesh sem fios (WMN) |
| **Descrição do seu artefacto** | **Declaração do problema:** A rede em malha sem fios tornou-se uma tecnologia emergente devido ao seu baixo custo, cobertura alargada e implantação escalável. Este estudo ajuda a compreender o desempenho dos protocolos de encaminhamento |
| | com diferentes índices de desempenho, tais como: perda de pacotes, atraso da rede e débito da rede, utilizando diferentes modelos de perfil, ou seja, ftp (baixo, médio e alto) e bases de dados (baixo, médio e alto). O objetivo da comparação dos protocolos é descobrir qual deles tem melhor desempenho numa pequena rede com diferentes parâmetros e valores variáveis. Os protocolos pró-activos trocam periodicamente as informações de rota (por exemplo, DSDV, OLSR), o que permite que cada nó tenha informações de todas as redes de forma independente. Os protocolos reactivos têm limitações na troca de informações de rota (por exemplo, AODV, DSR). |
| | apenas disponível nos nós. Na WMN, a interferência na rede multi-saltos é um grande problema aquando da expansão da rede. A tarefa consiste em identificar qual é o melhor para a rede multi-saltos. **Objetivo:** O objetivo é conceber uma simulação que dê os melhores resultados com diferentes parâmetros e selecionando protocolos de encaminhamento em redes de malha sem fios? **Objetivo:** |

| | |
|---|---|
| | O objetivo deste projeto será:<br>- Revisão documental da literatura sobre o tema , o que implica a leitura da revisão por pares artigos do IEEE, ACM etc.<br>• Avaliação do desempenho utilizando o OPNET com diferentes parâmetros para vários protocolos.<br>• A comparação dos resultados implica a análise crítica de cada gráfico com diferentes parâmetros e protocolos selecionados.<br>• Seleção do protocolo após a expansão da rede e o aumento do número de saltos, qual o protocolo que apresenta menos problemas de interferência.<br>• Conclusão<br>FutureWork |
| **Que metodologia (processo estruturado) vai seguir para realizar o seu artefacto?** | O projeto seguirá a metodologia Waterfall. Nesta metodologia, cada fase tem de ser concluída antes do início da fase seguinte. Uma única fase deve estar a decorrer ao mesmo tempo. |
| **Como é que o seu projeto se relaciona com o seu curso e se baseia nas unidades/conhecimentos que estudou/adquiriu** | Como estou a estudar o Mestrado em Redes de Computadores, estudei uma disciplina sobre redes sem fios e o projeto está diretamente relacionado com ela. |
| **Recursos** | Livros da biblioteca |
| | IEEE<br>Documentos de revisão por pares da ACM.<br>Simulador OPNET |
| **Preencheu e enviou o seu formulário de ética?** | Sim |

# FACULDADE DE ARTES CRIATIVAS, TECNOLOGIAS E CIÊNCIA

## Formulário para projectos de ética na investigação (CATSethicsform)

| | |
|---|---|
| 1. Nome do aluno | Muhammad Zulkifl Hasan |
| 2. Número do aluno: | 1216544 |
| 3. Percurso de licenciatura: | Mestrado em Redes Informáticas |
| 4. Nome do supervisor | Dr. Vasilis Freiderikos |
| 5. Assinatura do supervisor | Dr. Vasilis Freiderikos |
| 6. Título provisório do projeto | Avaliação do desempenho de AODV & OLSR em Wireless Redes em malha (WMN) |

## SECÇÃO A Proposta

Resumir em seguida as questões éticas envolvidas na proposta de investigação e a forma como serão abordadas. Em qualquer proposta que envolva participantes humanos, deve ser fornecida uma explicação clara do modo como será obtido o consentimento informado, como será respeitada a confidencialidade, como será comunicada aos participantes a natureza da investigação e os meios de divulgação dos resultados.

Existem algumas questões éticas que podem afetar o projeto. Os recursos da biblioteca, ou seja, livros, artigos de revisão por pares e ferramentas de simulação pertencem à Universidade de Bedfordshire. Todos eles serão manuseados com cuidado e não serão causados danos aos recursos da universidade. Todo o material será utilizado para uma investigação correta e não será permitida qualquer utilização indevida. Para evitar o plágio, será utilizada a técnica da paráfrase. A confidencialidade do projeto é importante e é da responsabilidade de todos os intervenientes assegurá-la. Não serão tomadas quaisquer medidas que possam afetar a reputação da universidade.

## SECÇÃO B Lista de verificação

Responda às seguintes perguntas, assinalando com um círculo **SIM** ou **NÃO**, consoante o caso.

1.      O estudo envolve participantes vulneráveis ou incapazes de dar o seu consentimento informado (por exemplo, crianças, pessoas com dificuldades de aprendizagem, os seus próprios estudantes)?

**NÃO**

2.      O estudo exigirá a autorização de um guardião para aceder aos participantes (por exemplo, escolas, grupos de autoajuda, lares residenciais)?

**NÃO**

3.      Será necessário o envolvimento dos participantes sem o seu consentimento (por exemplo, observação dissimulada em locais não públicos)?

**NÃO**

4.      O estudo envolverá tópicos sensíveis (por exemplo, obtenção de informações sobre atividade sexual, abuso de substâncias)?

**NÃO**

5.      Serão recolhidas amostras de sangue, tecidos ou quaisquer outras substâncias dos participantes?

**NÃO**

6.      A investigação envolverá intervenções intrusivas (por exemplo, administração de medicamentos, hipnose, exercício físico)?

**NÃO**

7.      Serão oferecidos incentivos financeiros ou de outro tipo aos participantes (exceto despesas razoáveis ou pequenos sinais de apreço)?

**NÃO**

8.      A investigação investigará algum aspeto de atividade ilegal (por exemplo, drogas, crime, consumo de álcool por menores ou atividade sexual)?

**NÃO**

9.      Os participantes ficarão stressados para além do que é considerado normal para eles?

**NÃO**

10.     O estudo envolverá participantes do NHS (doentes ou pessoal) ou os dados serão obtidos em instalações do NHS?

**NÃO**

*Se a resposta a qualquer uma das perguntas acima for "Sim", ou se existirem quaisquer outras questões éticas significativas, é necessária uma análise ética mais aprofundada. Documentar cuidadosamente a forma como estas questões serão abordadas.*

Assinado (estudante):    Zulkifl
Data: 1/11/13
Contra-assinado (Supervisor): Dr. Vasilis Freiderikos
Data: 1/11/13

# Apêndice: E Cartaz do projeto

Performance Evaluation of AODV & OLSR in Wireless Mesh Network


Student Name : Muhammad Zulkifl Hasan
Student ID#1216544
Supervisor Name : Dr Vasilis Freiderikos
Course: MSc Computer Networking


University of Bedfordshire


## ABSTRACT

The primary objective of this project is to compare AODV and OLSR in Wireless Mesh Network using two different network designs. The simulation runs for multiple size network i.e. varying nodes from 25-60. The performance metrics are calculated as global attributes for both routing protocols but they are different, i.e. AODV performance metrics are number of hops per route, traffic received/sent and for OLSR – MPR status, Traffic sent/received and global attributes are delay, load and throughput. The results shows an interesting aspect of AODV & OLSR using both designs which will help the researchers to understand it better.


## OBJECTIVES

- The aim of this project is to produce a simulation based study on the analyses of routing protocols for evaluating the performance with variable network size and changing traffic types in wireless mesh network using two different network models.

- OPNET simulator is used as a tool for performance evaluation of routing protocol in a variable mesh network.

- In comparison, performance metrics like network delay, load and network throughput using ftp (high traffic) which are global performance metrics for both routing protocols.

- The performance metrics are different for each routing protocol i.e. AODV metrics are number of hops per route, traffic sent/received. For OLSR, the metrics are MPR status, traffic sent/received. Build graphs and write about the comparison in analysis and results.

### Motivation

- Understanding the basic concepts of AODV & OLSR.

- Wireless Mesh network behaviour using both routing protocols under varying nodes and network models.

- Evaluating the performance of each routing protocol using specific routing protocol metrics.

- Explaining the results.

- Suggesting which model is better to be implemented under which scenario.

### Network designs

Both designs have been pasted above which have been tested for varying nodes with ftp high traffic.

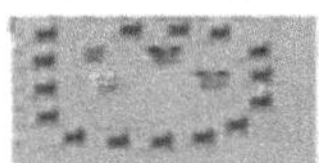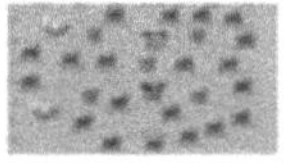

In design-1, the author has evaluated the routing protocol behaviour. This design uses the concept of ad-hoc network, this design is mostly used by researchers for implementing the Wireless Mesh Network i.e. Peer reviewed paper available on IEEE and other databases. And results showed that it is good to be implemented for AODV.

In Design-2, this design is using the same concepts of WMN i.e. mesh router, gateways and mesh clients. This design is implemented by the author to understand the WMN with both routing protocol and find which one is good for this network i.e. OLSR is the good option according to the author.

**Results:**

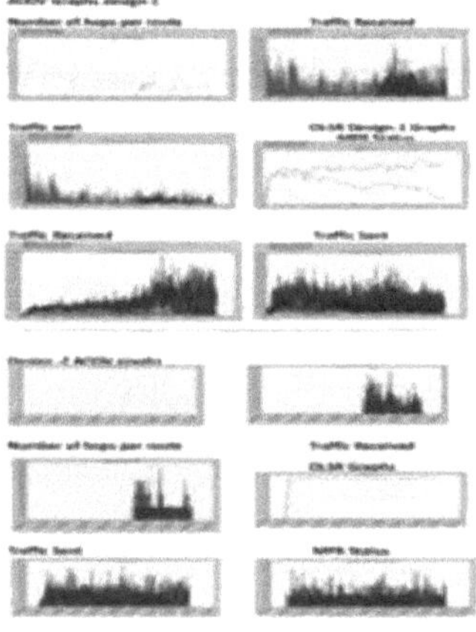

**Explanation of Results:** In design-1 the author has compared AODV & OLSR with varying nodes i.e. 15,40 and 60 nodes. The graphs pasted above shows the comparison analysis of both routing protocol with varying nodes in each scenario. According to the author AODV is better option to be implemented for large networks in design-1.

In design-2, the author has implemented only 15 nodes network for both routing protocols. The author has found out that OLSR is the good option to be implemented using design2 for this network due to less delay and maximum throughput.

**Conclusions** Both designs have been implemented by the author and the author concluded that design1 is good for large network due to maximum throughput given by AODV in design-1. There are interference issues in design2 due to random mobility but author tried to solve it by placing nodes with appropriate distance and by increasing the area of the network to be implemented. The design-2 has been implemented and the author found out that it is good for small network as OLSR has given maximum throughput with less delay. The author has not used mobility in design 2 which helps in catering the interference issues in design2.


**References:**

[1] Wagas, A. & Muhammad Kashif, A. (2009) An investigation of Routing Protocols in Wireless Mesh Networks under certain Parameters. <br /> Karlskrona Campus, Sweden: Blekinge Institute of Technology.

[2] Guardalben, L., Villalba, L.J.G., Buiati, F., Sobral, J.B.M. & Camponogara, J. (2010) Self-configuration and self-optimization process in heterogeneous wireless networks. Sensors, 11 (1), pp.425-454.

# I want morebooks!

Buy your books fast and straightforward online - at one of world's fastest growing online book stores! Environmentally sound due to Print-on-Demand technologies.

Buy your books online at
**www.morebooks.shop**

Compre os seus livros mais rápido e diretamente na internet, em uma das livrarias on-line com o maior crescimento no mundo! Produção que protege o meio ambiente através das tecnologias de impressão sob demanda.

Compre os seus livros on-line em
**www.morebooks.shop**

Printed by Books on Demand GmbH, Norderstedt / Germany